大眾心理學叢書 311

A Man's Guide to Growing Up

一個男人的成長

薇薇夫人——著

遠流

國家圖書館預行編目資料

一個男人的成長 / 薇薇夫人著 . -- 初版 . -- 臺北市
：遠流， 2007 [民 96]
面；　公分 . --（大眾心理學叢書；311）
ISBN 978-957-32-6076-9（平裝）

1. 成人心理學

173.3　　96008919

大眾心理學叢書 311
一個男人的成長

作者：薇薇夫人
策劃：吳靜吉博士
主編：林淑慎
特約編輯：陳錦輝

發行人：王榮文
出版發行：遠流出版事業股份有限公司
100 臺北市南昌路二段 81 號 6 樓
郵撥： 0189456-1

電話： 2392-6899　傳真： 2392-6658
香港發行：遠流（香港）出版公司
香港北角英皇道 310 號雲華大廈 4 樓 505 室
電話： 2508-9048　傳真： 2503-3258
香港售價：港幣 83 元

法律顧問：王秀哲律師・董安丹律師
著作權顧問：蕭雄淋律師
2007 年 6 月 16 日　初版一刷
行政院新聞局局版臺業字第 1295 號
售價新台幣 250 元（缺頁或破損的書，請寄回更換）

ISBN 978-957-32-6076-9

YLib 遠流博識網 http://www.ylib.com
E-mail: ylib@ylib.com

出版緣起

王榮文

一九八四年，在當時一般讀者眼中，心理學還不是一個日常生活的閱讀類型，它還只是學院門牆內一個神秘的學科，就在歐威爾立下預言的一九八四年，我們大膽推出《大眾心理學全集》的系列叢書，企圖雄大地編輯各種心理學普及讀物達二百種。

《大眾心理學全集》的出版，立刻就在台灣、香港得到旋風式的歡迎，翌年，論者更以「大眾心理學現象」為名，對這個社會反應多所論列。這個閱讀現象，一方面使遠流出版公司後來與大眾心理學有著密不可分的聯結印象，一方面也解釋了台灣社會在群體生活日趨複雜的背景下，人們如何透過心理學知識掌握發展的自我改良動機。

但十年過去，時代變了，出版任務也變了。儘管心理學的閱讀需求持續不衰，我們仍要虛心探問：今日中文世界讀者所要的心理學書籍，有沒有另一層次的發展？

在我們的想法裡，「大眾心理學」一詞其實包含了兩個內容：一是「心理學」，指出叢書的範圍，但我們採取了更寬廣的解釋，不僅包括西方學術主流的各種心理科學，也包括規範性的東方心性之學。二是「大眾」，我們用它來描述這個叢書的「閱讀介面」，大眾，是一種語調，也是一種承諾（一種想為「共通讀者」服務的承諾）。

經過十年和二百種書，我們發現這兩個概念經得起考驗，甚至看來加倍清晰。但叢書要打交道的讀者組成變了，叢書內容取擇的理念也變了。

從讀者面來說，如今我們面對的讀者更加廣大、也更加精細（sophisticated）；這個叢書同時要了解高度都市化的香港、日趨多元的台灣，以及面臨巨大社會衝擊的中國沿海城市，顯然編輯工作是需要梳理更多更細微的層次，以滿足不同的社會情境。

從內容面來說，過去《大眾心理學全集》強調建立「自助諮詢系統」，並揭櫫「每冊都解決一個或幾個你面臨的問題」。如今「實用」這個概念必須有新的態度，一切知識終極都是實用的，而一切實用的卻都是有限的。這個叢書將在未來，使「實用的」能夠與時俱進（update），卻要容納更多「知識的」，使讀者可以在自身得到解決問題的力量。新的承諾因而改寫為「每冊都包含你可以面對一切問題的根本知識」。

在自助諮詢系統的建立，在編輯組織與學界連繫，我們更將求深、求廣，不改初衷。

這些想法，不一定明顯地表現在「新叢書」的外在，但它是編輯人與出版人的內在更新，叢書的精神也因而有了階段性的反省與更新，從更長的時間裡，請看我們的努力。

目錄

第四篇 人夫・人父・人子——187

第五篇 黃金歲月——237

結語

寫在前面

隨著年齡的增長，我看世上的男女越看是越有趣，因為這兩性為人類居住的地球製造了無數的情境，使得這顆小小的星球熱鬧非凡。但是當焦點只對準男性時，也讓我有深沉的嘆息，因為地球上的戰爭自古以來大都是男性引發的，把焦點放大，我們看見男性在地球上一般是霸氣的：大政治家、大藝術家、大企業家、大思想家……甚至大惡棍都是男性，所以很早以前我就有興趣探討他們。

在《聯合報》寫了幾十年專欄，儘管接觸到女性議題比較多，但男性的也不少，而很多女性問題實際上和男性有密切的關係。也難怪，因為世上沒有第三性了，同性戀也好，變性人也罷，仍然不脫男女兩性。

其實，很多時候我是羨慕男性的。羨慕他們獨自行動時比較沒有安全顧慮，社會對他們的行為規範比較鬆，他們一般而言體力比較強。我常回味自己爬牆上樹、捏泥巴、打架……和男孩一起玩的童年生活，感謝父親給我的不羈、開朗的人生經驗。當然另一方面，成長以後，尤其是寫了多年專欄以後，我深知男性肩上的責任和壓力常常是超過女人的。

責任和壓力於是就造成了男性成長的框架，有些男性一輩子在這框架之下活著，沒有獨立思考的智慧，也沒有發揮自我的能力；有些男性雖然也有責任和壓力，卻不是限制的框架，反而是成長和成熟的助力。和女性一樣，唯有成熟的心理和性格才能活得好（藝術家除外），周圍的人也才能活得好。

成熟當然不是「天上掉下來的禮物」，是經由身心成長逐步「修練」而來的。男人的成長和女人的成長不同，除了生理構造有別以外，從出生時父母對他的期待就不同，以後他身處的環境、人際關係往往也不同，但成熟卻是男女成長後最需要的結果。

我不是科學家，也不是心理學家，我是個認真的生活者：認真學習、認真觀察、認真體會，從接觸過的男性、看到的男性中去了解男性。《一個男人的成長》這本書中，有些是別人的智慧和經驗，加上我的學習、觀察、體會和了解，相信對需要的人會有幫助。

在大多數人衣食無缺的今天，身體的成長應無大阻礙，但要活得心理比較沒問題卻不容易，只要看看社會上不斷出現的因心理障礙而引發的現象就知道了。在書中我舉了一些成功的例子，也有失敗的例子，都是真實的人生。成功有原因，失敗也其來有自，觀察別人、檢查自己，在成長中修練，才能讓自己不斷的成熟。

曾聽一位財經專家說：「有人很會賺錢但不會生活，所以他們的快樂都是表象的。」這就是不成熟的人。在很多男人拚命追求要成為富豪、女人拚命要嫁給富豪的現代社會裡，只有成熟的人會獨立思考，知道怎樣才能活得有意義、活得真正好。

身體的成長會停止，心理的成長卻永不止步。

謝謝我的老東家遠流，讓這本書和《一個女人的成長》成雙成對，象徵了男女兩性的和諧相處。

第一篇

龍的傳人

1

天之驕子

吾兒！吾兒！

從胚胎開始，就如女性已受歧視一樣，男性已備受寵愛與期待。人們用種種方法來猜測母親腹中胎兒的性別，從古老的迷信到現代科技，測出是女，認命吧（也曾發生駭人聽聞的墮掉）；測出是男，歡之喜之。就連女權運動推行多年的西方，仍有某些夫婦期待頭胎是兒子。而在電影裡看見某酋長或國王高舉初生男嬰向天歡呼：「My son !」充滿得意與驕傲，真是豪氣沖天。

同樣是一個生命的來臨，弄璋或弄瓦帶給某些父母截然不同的情緒，人類已邁入廿一世紀，然而「男女生而不同」似乎在這個地球上仍處處可見。

在台灣，我們對傳宗接代的看法是在兩極上，有的夫婦是結婚不要生孩子，有些夫婦求神拜佛，求祕方求科技盼望一舉得男。縱然是知識份子家庭，「母以子貴」並不落伍。第一胎生個兒子就「放心」了，以後管他生不生，或生什麼都沒關係。有些母親在提到「我兒子」時，語氣都高昂些。至於「非生一個兒子不可」而生了七、八個女兒的家庭雖然已經不見，但某些家庭的老大如是女兒，則老二或老三多少是在「盼望得男卻無奈得女」的情況下出生的。「重男」的現象值得國民健康局考慮修訂優生保健法，限制進行胎兒的性別篩檢，來平衡新生嬰兒的性別。

這樣「三千寵愛在一身」的強勢性別角色，未出生就已經是先聲奪人了。不過這強勢在人類進化之初並沒形成，是生活方式及需要一點一滴歷經千千萬萬年累聚而成的。如果初民不靠體力獵食，如果女性不懷孕生孩子，如果組成家庭以後女性不全挑家務擔子，男性就不一定能成為一個部落、一個社會、一個國家的強勢性別，因為人類曾有過母系社會。

也正由於性別角色是生活方式及需要累聚而成的，所以附加的是男性比女性承受更多的壓力和期待。一位受過高等教育，自己又是女主管的母親曾說：「幸好我沒有兒子，要不我會更累更緊張的做媽媽，因為我一定對兒子的期盼更高，要求更嚴。不管怎麼說，男人在這個世界上就是要努力拚鬥，而女人則可進可退，我當然會從小要兒子出人頭地。」

如果做個調查，相信會有很多父母和這位母親有同樣的觀念吧！至少在目前的人類社會中，這還是個事實。於是這個生下來給他玩玉的小子，就比生下來玩瓦的丫頭，無辜的背負了大量的壓力和期待。某些女權主義者若一味地責怪「男權」和「父權」都是男人搞出來的，倒也不十分公平呢！

《女權主義》（遠流出版）這本書裡有一段描寫很有趣：曾有幾位早期探險家觀察狩獵部落，發現北美印第安人有個部落女人權力之大，足以令人感到驚訝，甚至覺得不快。女人有權割讓民族的土地、撮合婚事或聯姻、締結盟約、隨心所欲地任命酋長和司庫、或撤消他們的職務。至於丈夫，他們的地位相當於父權社會裡的女人……。從出生到死亡，沒有一刻不受制於某一個女人……。由於帳篷及帳篷裡的東西全都屬於女人所有，因此如果她與丈夫不和，可以把丈夫趕出帳篷外。

從這一點看出「男女生而不同」，實在是人為的而不是自然形成的（生理構造另當別論）。男性被塑造成強勢，背負壓力也是人為的。母權社會裡的男人和父權社會裡的女人受到的不平等待遇，都是人類偏差觀念下的產生。如果說「解鈴還需繫鈴人」，我們盼望兩性經由了解和互助，使得雙方都能在公平合理的環境中成長。因為人無法選擇自己的性別，性別本質上是絕對平等的。

所以孕育了一個男性胚胎的父母，請不要把人為的刻板角色框框套在他身上吧！

2

天之驕子

名字與性別情結

女人有個「像男人」的名字似乎越來越多了，女人大多甘之如飴，而且多少還會對那為她取名的長輩或相關人有男女平等觀念而高興。但男人有個女性化的名字，就可能從此一生困擾和尷尬不斷，除非他以後心智成熟到不但坦然接受，還能用幽默的態度來處理。

有位教授某次參加一個學術會議，主席提名邀請他發言時說：「現在請○○○女士……」待一看站出來的是位男士時連忙道歉：「對不起，我看名字時以為是位女士。」他從容的說：「不必道歉，做女人沒什麼不好呀！」如果錯把女士說成是先生時，想必大多數人是不會且認為不必道歉的，可見知識份子也不能全然用「一致」的態度看待男女兩性。

父母要求兒子的名字除了筆畫吉利以外，多少也把對兒子的期望涵蓋在內，俊啦，勇啦，豪啦，偉呀，或是可以興天下，或是可以震寰宇，要不然也宏大博遠，再不然多金多財，總之是志向遠大的男兒。有位父親在替兒女命名時說：「男兒志在四方，女兒的名字只要能表現出潔淨婉約就行了。」可見很多父母對兒女的愛雖是一樣濃重的，但對兒女的期望就是不同，從取名字可見一斑。

當然從名字就能分辨出性別也是一種方便，連西方也一樣，約翰是男，瑪麗是女，清清楚楚。但中國字一經組合成詞，就有特別明顯的意義，即使是單字也一樣，比如秀、芳、美等等似乎就是屬於陰性的，甚至一個字只要加上草字頭就是女性的，男孩如有個花花草草的名字，從小就會被同伴取笑、戲謔。

名字和性別的情結對男孩的困擾實在還是源自傳統的「男尊女卑」，「女中丈夫」也許少有男人敢愛，但其中沒有卑視的成分，而「娘娘腔」就很慘了。男孩之所以有個女性化的名字，我聽說過是由於那名字筆畫大吉大利，更奇怪的一種說法是男孩取女孩名字比較容易養大。就像以前越嬌貴的男孩越要取個低賤的小狗子什麼的，或拜個討飯婆做乾媽，才能長命百歲。

每個人出生後第一個名字，當然是長輩或父母決定的。自己不喜歡日後可以改掉，也有女性覺得名字太陰柔而改成較陽剛氣的。女性的名字沒有性別的困擾，只有自己喜不喜歡，「名字像男生」沒有人會取笑。但是要讓有女性化名字的男性不尷尬困擾，我覺得不在於「絕對不替男孩取像女孩的名字」，而在於大家應都像那位教授說的「不必要道歉，做女人沒什麼不好」。

要寄文件信件給不認識的人時，用個「君」字既尊重又不必分辨性別，男女通用。開會時與會人有頭銜可以稱呼，也不會有困擾。不過曾聽一位女教授說，在學校裡常常男性被稱為教授或先生，女教授卻被稱為女士或小姐，彷佛女教授不配被稱為教授似的，讓她不平也不解。

一旦大家有了「做女人沒什麼不好」的共識以後，相對的也會減輕對男性的要求和壓力。父母可以不必在替兒子取名字時，就把「天將降大任於斯人也」的寄望放在名字裡。因為強人、英雄都已隨時代的改變而逝去，絕大多數的男性未來都是要和女性共同努力，創造自己的家也好，為身處的社會國家貢獻也好，都不單純是男性的責任。我覺得應該是「兩性平等時代來臨」，實在不喜歡強調「女性時代來臨」，在真正兩性平等互助互敬互愛的時代裡，名字不過是小事一樁。

3

天之驕子

玩具世界無男女

玩具是人類幼年時模仿及學習生活的工具，既然人們把男女劃分開來，於是玩具也就有了不同的性別。父母很自然的給女兒買洋娃娃、小鍋小灶，給兒子買刀槍汽車。在這種涇渭分明的模仿及學習之下，他們似乎就一定要成為「男是男，女是女」了。

但是成長以後的社會卻與他們的玩具世界不盡相同，由於很多職業不靠體力，男女兩性工作的界線已經越來越交融模糊了。女性有扛槍弄劍、駕駛或修理汽車的，有些航空公司已有了女性機長，以色列和美國女兵不讓鬚眉；而國際知名的服裝設計大師男多於女，大餐館的大廚幾乎都是男性。

那為什麼我們還一定要男孩玩「男玩具」、女孩玩「女玩具」呢？國外已經有心理學家研究觀察發現，讓男孩子玩洋娃娃，他們長大後會成為更懂得愛、更懂得照顧孩子的好父親。事實上，一些與生活有密切關係的玩具，像娃娃、扮家家酒的道具等，可以讓孩子學習人與人之間的關懷，互助合作。有的父母擔心兒子玩這些「女玩具」會變成娘娘腔，甚至同性戀，其實同性戀的形成到今天專家的研究雖然尚未有定論，但絕不是男孩玩娃娃就成了同性戀那麼單純。

而柔軟的布偶也是很多小男孩的最愛，人類需要愛與被愛，從小需要肌膚相親，擁抱撫摸的感情，這是不分男女的。就像那些可以啟發智力的玩具一樣是不分男女的。

曾經有個年輕人告訴我，他從小喜歡姐姐的娃娃，偷偷把媽媽織了一半的毛衣拿來研究，他不喜歡玩冷硬的刀槍，也不喜歡跟男孩子打架，結果常常被父母罵沒出息，一點也不像男人。他的成長充滿困惑與痛苦，不知道自己究竟什麼地方錯了。直到他終於考上大學美術系，由於他的作品細膩感情豐富而得到老師的鼓勵，他才開始了解自己，相信自己是個「正常」的男人。

今天的父母不需要刻意把男孩和女孩捏塑成一定要「像男」「像女」，順著性格和性向，帶他們自己去選玩具。如果男孩選擇了傳統女性的玩具也不必緊張，玩具的種類多，他學習與模仿的真實生活也多。有些女孩也喜歡玩敲敲打打的工具玩具，不過人們並不排拒女孩偏向男性的性格，豪爽幹練的女孩甚至還可博得「女中丈夫」的雅號，遠不像「娘娘腔」那樣被嘲笑。

曾有一位母親憂心她三歲多的兒子最愛玩她的化妝品，有時還把自己的臉畫得花花綠綠的，他會不會是「性變態」？會不會將來不像個男人？我想這種憂慮太急切了一點，他可能是對色彩特別敏感，可能是喜歡學媽媽（這一點也不不奇怪，幼兒和媽媽不都特別親近嗎？），也可能只是好奇心強而已。對孩子來說，成人很多用具遠比玩具更好玩。就算他的性向偏向此道，以後他也許會是畫家、造型設計師，甚或成為化妝師也不錯，國內外有名的化妝師男性大有人在。

在《養男育女調不同》（遠流出版）這本書中，作者研究發現由於男女大腦天生不同，所以男孩和女孩天生就喜歡玩不同的玩具，但他也認為個別差異很重要。

所以我以為順著性向培植孩子，他們的成就會遠超過被逼著學習違反性向的事物。孩子愛玩什麼玩具或什麼遊戲，正可以給父母觀察、了解孩子的機會。不必強調男女，也不必硬性雕塑，更不必擔心。或許「中性」的益智玩具對男孩女孩都更有益處，因為除了學習生活以外，培養孩子的創造力、想像力，是塑造孩子人格的重要動力呢！

4

天之驕子

男兒性格與溺愛

生理學和心理學家已經證實，小男孩在心智的發展速度上要比小女孩稍遲一點。三歲的小女孩已可能動作敏捷，伶牙俐齒，而小男孩卻還是蹣跚而行，口齒不清憨憨傻傻的。在幼稚園裡小女孩欺侮小男孩的情形並不少見，但小男孩往往連告狀都不靈光，因為他們不能清楚明確的把受欺侮的情形說出來，於是有的小男孩就用最「敏捷」的方法反擊——武力。

一拳打過去，或是雙掌推出去，問題都能馬上解決，所以小男孩愛打架實在是很自然的；就像小女孩運用她們的特長，唇槍舌劍的吵架一樣。有經驗的母親看小男孩打架，連眉毛都不會動一下。

不過有些不會用武力比較內斂的小男孩，就可能把這種情緒轉變成倔強、彆扭、不合群。有個頗有人緣的年輕人談到他讀幼稚園時，坐在他旁邊一個小女孩老喜歡用手掐他，他忍了又忍，閃了又閃，後來向老師報告只會說「她掐我」。老師問小女孩時，小女孩都會天花亂墜地辯說沒有，「不小心碰到了」。告第二次狀時老師反而責備他，於是他抵死不再上學，任憑媽媽威脅利誘就是不去。若不是父母理解而且不再繼續逼迫，並且特別在家教育他，可能他在心理發展會有偏差也說不定。因為他深深記得當時小小心眼裡對那小女孩、對那女老師有多麼說不出的無可奈何的生氣，並認為所有幼稚園的小女生和老師都是一樣的。也許在別人不成大問題，但他覺得自己的性格「黑白分明」，不容易轉彎、變通，父母對他的人格培養頗付出功夫。

當然，這可能只是一個特殊的個案，不過大多數父母特別不能忍受兒子受人欺侮，因為那等於承認兒子將來不能成為男子漢大丈夫。在社會上有成就的父母（特別是父親）固然如此，事業無成的「小人物」更是如此。曾看過一部歐洲影片，描寫一個心靈纖弱、敏感、內向的小男孩，怎樣在父親期望他像泰山一樣勇壯，而他卻受盡同學欺侮譏嘲叫他「笨泰山」的痛苦中，幸逢一位在碼頭開起重機的工人用了解、關愛、鼓勵建立他的信心，才有了快樂的童年。這男孩有一次無意經過他父親臨街的辦公室，看到那在家權威十足的父親被上司責罵。父親一回臉和兒子四目相對，父子的眼神都讓人辛酸感動，兒子也因此更了解父親。

所以小男孩成長的過程有時可能會更艱難，因為他們的性格不一定全都符合傳統對男性的要求：勇敢、強壯、好勝、有領導能力、豪邁等等。小小男孩就要求他們「大丈夫有淚不輕彈」「打落牙齒和血吞」「男兒膝下有黃金」什麼的，可能完全和他的本性相反的行為，那種生生硬扭的痛苦，不但讓他們沒有快樂的童年，對以後的性格成長一定也有負面影響。他們可能懦弱一輩子，也可能相反的變成膽小卻暴戾。

一位在幼稚園任教的朋友說：「奇怪，現在『潑辣』的女孩越來越多，『兇悍』的男孩越來越少，女孩皮起來常常駕凌男孩之上。我倒不擔心別的，是擔心男孩子被父母過度溺愛和保護，永遠長不大了。」這是有心人的另一種隱憂，孩子生得少以後，男孩子似乎更加「珍貴」，保護得更加周密，以致在他們原來就發展較遲的心智和行為上，更遜於女孩。「長不大」的男孩和天性內斂不同，他們可能被溺愛扼殺了天性的發展。

因此幼稚園絕不是「排排坐吃果果」「有個地方擺孩子」的場所，只怕父母對讀幼稚園的孩子所付出的關注，要多於他們以後的小學、中學階段。雖然這裡沒有考試成績，卻是他們往後一生能否活得好的關鍵時刻。

1

教·育

長不大的嬌兒

可愛的孩子、可愛的小動物天生有一種惹人疼愛的模樣。「瘌痢頭兒子是自己的好」，根據這個「公式」，絕大多數父母都是疼愛甚至溺愛自己的兒女的。「愛不嫌多」，是的，愛沒有嫌太多的問題，只有方法對不對的問題。尤其是在他們亟須呵護的年幼時候，父母很容易被他們的笑靨、被他們的軟語甜言、被他們稚拙的動作迷得死死的，而忘了慢慢教導他們成人該做如何的準備。

對於兒子，一方面期待他們將來成大功立大業，一方面唯恐他們在成長中吃點苦受點罪；而所謂的吃苦受罪只是到了該可以自己吃飯時還要餵他吃，該可以自己繫鞋帶了還要替他繫，該可以幫忙做家事了卻絕不讓他插手等等而已。通常女孩子手腳伶俐，自己料理好了，父母認為那是「女子當若是」。有心的父母會誇獎一番，於是小丫頭就更興頭地做得更好。「男孩子嘛，總是笨點囉！」父母嘴裡這麼說，心裡可為有兒子而喜，對兒子疼愛越甚。

但是從「小嬌兒」到「大丈夫」可不是一蹴而就的，他在成長的過程中，不但要在生活中受點罪吃點苦，在心智上更要點點滴滴的培養責任感，和學習分析思考、自我認知等等能力，否則他就永遠長不大。就算父母給他最好的營養、保健，他的身體長成昂藏七尺之軀，但內心永遠是父母的小嬌兒；雖不一定和父母住一起，但精神永遠依賴媽媽。有些妻子抱怨丈夫依賴、退縮、不負責等等，實際上她是嫁了個永遠長不大的媽媽的小嬌兒。

美國有位心理學博士丹・凱里（Dan Kiley）叫這樣的男人是患了「小飛俠併發症」（Peter Pan syndrome）。小飛俠彼德・潘在卡通影片裡精靈可愛，閃著一對晶瑩亮麗的翅膀到處飛翔。凱里博士在他的書中引用了一些對話：

小飛俠：我很年輕，很快樂，我只是一隻剛孵出的小鳥。
溫蒂：為什麼要逃家？
小飛俠：因為我聽到爸媽談到我長大後，應該幹什麼。我只要永遠當個小孩好好玩樂。

小飛俠併發症是「男子專科」，凱里博士認為這是傳統要求男孩要成為大男人角色的結果。從性能力到經濟能力他都要出人頭地，天啊！長大真累！而這個病因是在他是小嬌兒時就種下的，潛伏到青少年期才發作。

當然，把兒子教養成「大丈夫」並不合時宜，也不合人性。這種「流血不流淚」硬把心磨出老繭的男人不但自苦，也會讓愛他和他愛的人受苦。但無論男人和女人，都必須從嬌嬌女、小嬌兒長大成人，成為一個心理生理同步成長和成熟的人，他才能同時面對成年人的義務，也享受成年人的權利。

更何況大自然的定律根本不允許人不長大，人可以到老死都保持童心，但不能幼稚到傷害自己和別人，而童心和幼稚是截然不同的。父母（有時還加上祖父母）疼愛的小嬌兒處處時時受到呵護，連摔一跤大人還要責怪桌子太壞、椅子不乖，他怎麼面對成長過程中一波又一波的衝擊呢？而過度的疼愛和過度的期待，又是多矛盾的教養方式，但很多男孩子卻正是在這種教養下成長。然而過分受寵的小嬌兒和大男人之間，倒是關係密切的。

如果父母責怪已成年的兒子「長不大」，妻子責怪丈夫、兒女抱怨父親「臍帶難斷」並不盡公平。那是由於他在一個不讓他長大的環境下成長，他的痛苦和掙扎伴隨著生存。他沉湎在小嬌兒的過去日子，但他又哪還有小嬌兒的快樂和滿足呢？

2

教．育

學習照顧別人

常聽見人安慰那頭胎生女的沮喪母親說：「第一個生女兒好，女兒貼心，懂事，以後會照顧弟弟。」

女孩是不是天生比較會照顧別人呢？當然不是，只不過父母——尤其是母親——總是很理所當然的認為女孩在必要時有責任照顧家和家人。其實把這責任交給男孩，他一樣能做得很好。照顧別人的能力是學習而來的，孩子在家看見大多數是母親在照顧家人，因而下意識的認為那就是女人的責任。

有能力照顧別人，基本上是一種快樂，但對於同樣玩心重的幼年女孩，那是身心上的束縛與負擔。教育及心理學家都肯定遊戲是兒童最重要的學習，從遊戲中可以吸收知識，激盪腦力，培養創造力。於是在女孩有束縛與負擔、男孩無拘無束的不同待遇下，男孩子可以盡情而無顧慮的玩，不知不覺中培養了較寬闊的心胸、吸取更多常識的機會，有點子更多的創造力。所以小學裡男孩子考試也許考不過女孩，但他們懂得更多，更有膽識。

曾經有一次參加一個真正的親子座談會（有成人，有兒童），會中八、九歲的男孩對很多問題都有自己的看法，也敢侃侃而談，並且十分機智幽默。而大多數女孩則文靜乖巧，問她們意見時也低頭或搖頭不語。也許這正是父母期待的「男有男相，女有女相」，這是父母照著刻板的性別角色教養兒子和女兒的「成果」，應該不是天生如此。

男孩和女孩在這樣的教養下長大，變成男人越來越不懂得照顧別人，體會別人的感受，只等著別人來照顧自己。這可不是有福氣，因為女人在成長過程中，會隨著時代的趨勢一點一滴的甩脫傳統對她們的要求，如果她的男友或丈夫不能回報她的照顧，她可能也就不願再照顧那個男人。於是那成長已定型的男人勢必心理上感受到被冷落的痛苦，生活上弄得亂七八糟。

專家曾調查統計過獨身男性平均壽命比獨身女性要短些（尤其是離婚或喪妻的），這無非是因為他們一下子失掉照顧，結果身心都無法適應了。更何況有能力照顧別人的確是一種快樂，那會讓人覺得自己有用。有能力照顧別人的人也有能力照顧自己，讓自己得到自由獨立的快樂。可喜的是已經有越來越多中青代的單身男性，懂得照顧別人也懂得照顧自己，他們比起「茶來伸手，飯來張口」的上一代，生活自是豐富有趣得多。

我發現只要把責任交給小男孩，他們就會努力完成，雖然有時候方法奇怪了點。記得大兒子五歲時，有一次讓他照顧小兩歲的弟弟不要亂跑到馬路上。等我回家，只見弟弟被綁在飯桌腳上。小哥哥的理由是弟弟不聽話，非要出去看汽車。我不能責罵這個小哥哥，只有告訴他可以用別的什麼方法，同時還稱讚他負責才行。

家裡的男女孩應該是按年齡分配責任，而不是按性別。但責任不能沉重影響他玩樂，成了束縛與負擔。孩子的最恨是玩得最緊張刺激或看課外書最沉迷的時候，父母差遣他們做這做那的，而女孩子被差遣的次數常多過男孩。

適度的給男孩一些照顧別人的機會，讓他們在既有的長處之外，更增加懂得照顧別人也懂得照顧自己的優點，這對他們長大以後和異性交往有莫大的好處。

3

教・育

闖禍搗亂我最行

好奇心在人類的童年期無論男女都是強烈的，但由於大部分父母對女孩管束比較多，對男孩較放任，因此男孩子有較多的自由去釋放自己的好奇心。這也就是為什麼男孩子比女孩子更容易闖禍，更會搗亂。

闖禍和搗亂，事實上是好奇心驅使的探索行為，尤其在鄉下長大的孩子，大自然充滿驚喜和驚險，孩子們可以天天入寶山尋寶探險。馬克・吐溫（Mark Twain）筆下的湯姆・莎耶是個可愛的典型，事實上很多男孩子都是不同的湯姆。外面的世界比家裡有趣多了，而大多數的男孩子就有幸在這樣有趣的環境裡長大。

可惜今天孩子們生長的環境與大自然的距離越來越遠，雖然生活裡也有五花八門所謂的「文化刺激」，但探險和探索的樂趣減少了，闖禍和搗亂的機會也相對減少。甚至有些孩子因整天只盯著看電視，動作笨拙到連保護自己的能力都沒有了。不知是不是這個原因，男孩子從小就成不了女孩崇拜的英雄。因為比體力也許男女有別，比腦力就不相上下，而現在男孩連體力優勢也沒了。或許這算是大趨勢下促進男女平等的正面影響吧！

不過父母仍然允許男孩子有較多闖禍和搗亂的自由，甚至在學校裡也很分明。下課後小男生一哄就跑到操場上奔放的玩，小女生則在走廊或連教室都不離開。小男生踢球、打架，充滿競爭，小女生嘰嘰喳喳，不知不覺學會了與別人相處。

小男生常常被小女生告狀，父母和老師都認為是理所當然，男生嘛，總是野。如果頭破血流回來（最好還不哭），父母雖心疼卻暗中欣賞兒子的英雄氣概。如果打壞家裡的東西、拆掉玩具或其他器具，父母雖也罵一頓卻覺得兒子有研究精神。

好奇心是應該鼓勵的，人若常保好奇心那一輩子也可活得興致盎然，所以女孩子的好奇心也不能扼殺。但是好奇心要得到適當的輔導以免走歪，闖禍搗亂要有方向，以免無意間把天真的小男孩養成為非作歹的罪犯。在一群小男孩中總會有一兩個特別兇殘的，他們可以虐殺小動物而面不改色，可以故意破壞而毫無道理，可以陷害別人為樂，這種種行為已經遠離小男孩正常闖禍搗亂的軌道。雖然不一定和未來犯罪之間畫上等號，但已相當讓人擔心了。

當然這樣「特別」的小男孩，可能有很多原因造成，也許是父母本身兇暴，家庭破碎，甚或染色體異常等等，不過傳統允許男孩闖禍搗亂的觀念，多少有推波助瀾的作用。

把桌椅排成孩子想像的火車，父母要訓練的是「物歸原處」的生活習慣，不是責罵他亂搬家具。爬上跳下學超人、拳打腳踢學功夫，要注意的只是安全。事實上，今天的男孩和女孩都同樣在一些方框框裡長大，屋子是方框框，車子也是方框框，電視電腦也是方框框，在這些方框框裡，男孩和女孩的好奇心也大都只能在動腦上發展。父母如果能多帶他們突破方框框，走進大自然，上觀天象，下測海洋，使他們的常識豐富，心胸寬敞，好奇心得到最大的滿足，那麼縱然男孩不再成為女孩心目中的英雄，卻有助於未來兩性相處的更了解更和諧。

我很喜歡因好奇心驅使而闖禍搗亂的小男子（當然小女孩也不例外），他們常常向人生綻現驚喜。

4

教·育

幼稚園：群我第一課

觀察幼稚園的小朋友是很有趣的事，在天真可愛的外表下，一個個小蘿蔔頭已然是獨立完整的個體，他們不同的性格表現在不同的行為上。離開父母、離開家，來到完全不一樣的環境，眼前盡是陌生的人，這種衝擊可以說是人生第一次。聽說有些孩子哭一兩個月還不能習慣，但是大多數在父母離開以後就被眼前的新環境吸引住，直到父母來接時才忽然想起來似的再哭幾聲。

一位幼稚園老師說新來乍到不一定是女孩哭得多男孩哭得少，現在嬌生慣養或祖輩照顧的男孩，適應新環境的能力比較弱，他們有時需要特別注意適應慢的小男孩。

幼稚園是孩子群我關係的第一課，父母要幫孩子好好學習，就像在〈男兒性格與溺愛〉一文曾討論的，男孩一般心智發展比女孩稍稍遲緩，面對比家庭複雜的人際關係常會緊張，甚至憂慮，卻又拙於用語言表達。老師有那麼多孩子要看顧，這就需要父母仔細觀察，因為父母理應是最了解孩子的。

現在很多年輕的母親在孩子上幼稚園以前，會先帶他們去「玩」幼稚園，讓他們熟悉環境。如果幼稚園能配合，對孩子最好。還有一位母親告訴我，她在兒子上幼稚園以前，在家和兒子玩「老師、同學」的遊戲。她說因為是獨子，爺爺奶奶又特寵，她最擔心的是兒子不懂得分享，因此她請爺爺奶奶扮演同學，童書和玩具都要跟同學一起讀、一起玩。父母是老師，有事要「告老師」時，要講清楚，不哭不鬧。兒子有了這些「學前訓練」，上幼稚園以後適應得很好，是個快樂的小孩。

由於現在的孩子手足少，無論男孩女孩都需要這一類的「學前訓練」，而男孩更需要，因為他們處在一群雖然年齡差不多，但心智發育較早的女孩子之間，要發展良好的群我關係是不容易的。

其實我並不十分反對孩子們打打架，打架也是成長的一部分；但霸道、自私，男孩以為比別人強壯就欺侮人，絕不是可愛的性格。

學齡前是孩子學習群我關係的開始，也是學校教育的前奏，現在很多幼稚園不但教識字、寫字，還有雙語，據說不教雙語的幼稚園很難招生。趁孩子小時學各種語言的確「又快又準」，但在幼稚園是否必需，自有教育專家學者研究，不過有位母親對我談到她的困擾。兒子讀的是雙語幼稚園，從大班開始有英語課，幾天以後他不肯上學，她於是到學校去了解。老師說剛開始孩子沒有特別情緒，後來就不肯上英語課，接著就不肯上所有的課。她到英語班去觀察，發現大多數女孩學得很起勁，發呆的或左顧右盼的男孩比較多。她和老師討論，也許小男孩語言能力發展得比女孩慢，老師是否能對男孩加強一點。老師很好，接受了建議。

那麼，別的男孩為什麼不拒絕上英語課呢？因為每個孩子都不一樣，但男孩即使是說自己的母語都比女孩要緩慢一步，學其他語言可能又更慢一點。有人認為不必緊張，慢慢就會跟上來，但如果不注意孩子因學習障礙而影響情緒，也可能會影響他的人格發展，尤其是在人生最重要的前六年。

雙語幼稚園已是一個趨勢，大多數父母——尤其是大都市裡——很難抗拒。只是像孩子所有的教育問題一樣，需要父母時時注意。男性腦和女性腦天生不同，因此在幼稚園中學習時就顯出差異。如果兒子上的是雙語幼稚園，父母就得特別留意他學習的情形了。

1

背起小書包

團體生活的第一步

上小學和上幼稚園不同，對孩子來說是跨出了一大步。學校更像學校，穿上制服就是正式的學生了，從幼兒到小學生，孩子的心理適應很需要父母親注意，尤其是還不能清楚明白描述自己情緒的男孩。

有位母親回想她的么兒讀小學時，開學不到一個星期，每天早晨上學時孩子都叫肚子痛，等到傍晚放學回家又什麼事都沒有。連著三天，她帶孩子到台大兒童心理衛生中心去看診，才知道原來前面兩個孩子都上公立國小，這第三個孩子讀小學時她開始上班，就把他送到全天上課的私立小學，孩子離開哥哥姐姐，又到離家較遠的學校，萬般不喜歡、不適應卻說不出來，反應在身體上就真的肚子痛起來。轉到兄姐就讀的國小，立刻不藥而癒。

進了小學，就真正開始團體生活的第一步，有了同學，而不是幼稚園的玩伴，學校有校規，多了一些男老師，有考試，有成績……，還迷迷糊糊的小男生要面對這些複雜的人和事，實在很難為他們。

一般來說，女孩很容易和同學交上朋友，她們一起嘰嘰喳喳「談心」，而且和老師比較親近，較快融入學校生活。男孩彼此打打鬧鬧卻不會聊天，和老師較疏遠，由於腦部發展和女孩不一樣，上課很難專心。有位小學老師說，低年級的男孩考試大都落在女生後面，直到五、六年級時，他們的數學成績才會追上女生。也因此小男生不太在意他們的考試成績，不會嫉妒考得好的同學。

團體生活通常要服從、合作、合群，這對天生比較好動的男孩，常常會有衝突。他們喜歡冒險、挑戰，喜歡看到同學佩服的眼光，就是要「酷」，這在其他雄性動物身上也看得到。

和同學打架的男孩太平常了，家有兩個以上男孩的父母都知道沒有不打架的兄弟。而喜歡作弄班上女同學更是顯示自己「酷」的手段，女生越尖叫他們越得意。

這種種「表現」只要不過分，可以說是常態。但隨著時代改變，現在有越來越多的小女生不再是「弱者」，她們可能反而會捉弄小男生，尤其是那些太被嬌寵、性格內向的小男生，一方面敵不過調皮的女生，一方面又可能被其他男生譏笑，學校生活就成了一種災難。

儘管大部分男孩「也都走過來了」，但不能真正適應這第一遭團體生活的人，日後的心理和行為極可能會受到影響。尤其是不會表達的小男生，他們把很多問題、很多情緒埋藏在心底。除非是真正智力較低的孩子，那些成績總是殿後，行為特別乖戾、暴虐的孩子，很多是因為不能適應學校團體生活造成的。

有人說叛逆性強的孩子創造力也強，但叛逆絕不等同於乖戾、暴虐，他們可能也不服從、不合作，可是在叛逆的同時，他們也會展現創造力，此時老師和父母的導引特別重要。

小女孩比較能快速適應新的人際關係、適應團體生活，小男孩就需要較長的時間，國小一、二年級就是他們的調適期間。有能了解他們的家長和老師，日後就更有機會成為幸運的男人。

2

背起小書包

崇拜父親

儘管大多數的孩子幼年時都依賴並且敬佩父母親，但至少我的觀察和體會是小男孩對父親或長兄更加崇拜。他們在感情上需要母親的體貼溫柔，卻認為父親或長兄更偉大。他們用童稚的聲音唱「哥哥爸爸真偉大」時，內心大約也是不懷疑的。

最常見的是一群孩子打架，打輸的撂下一句話常是：「等我爸（或哥哥）回來，看不把你打扁才怪！」在互相比誰更了不起時，也常是把爸爸或哥哥抬出來，媽媽跟姐姐是沒份的。當然這與父母傳統的角色有關，但在崇拜「能」「力」方面，無疑父兄在小男孩心目中分量更重。所以母親在無法管束調皮搗蛋的兒子時，也會恐嚇：「等你爸回來好好修理你！」

父親恆常是小男孩學習和模仿的對象，而且往往是好壞一兜收的。男性沙文主義的大豬常教養出一些小豬來，通情達理的父親不大會教養出蠻橫的小子，柔弱退縮的父親通常有較溫順的兒子，為人四海的父親往往也有交遊廣闊的繼承人。也許一部分是天性遺傳，但不能否認另一部分是學習而來的，尤其是人生的價值觀。

小男孩大部分也認為父親是「博學多聞」的，他們從父親那裡聽聞到更多家庭學校以外的世界，那個世界是很多母親達不到的（不過這情況已逐漸轉變中）。所以除了某些特殊關係惡劣的父子之外，小男孩和父親之間有著和母親不大一樣的、更多崇拜的感情。父親如果要糾正男孩不當的行為，來一句「我們來個男人對男人的談話」，兒子會因為崇拜父親、覺得自己受到提升而重視父親的意見，這種方式絕對比責罵要有效得多。

有位中年人回憶幼年時父親讓他騎在脖子上看雙十遊行，他說父親彷彿巨人一樣，是世上最能保護他的人。相信有不少成年男人也有這樣甜蜜的回憶。

女性地位漸漸提升以後，有些男士慨嘆家中父權低落。其實專家根本反對父母用權威教養子女。過去那種兒子見了老子像老鼠見了貓一樣的場面幾已成絕響，因為那是兩代的損失：父親享受不到親子之樂，兒子也得不到父親的愛。所以男女平等以後，男性也同樣從傳統角色的禁錮中釋放了。今天的父親可以盡情地表達對子女的愛而不怕難為情，而且關係越親密越有助於教養子女的工作。

一位從小見到父親就想溜的男士自己做父親以後，盡全力做一個「兒子不怕的爸爸」。他替兒子沖牛奶、換尿布、洗澡、牽著他的小手學走路、扛在肩上散步，讓兒子舔他、啃他、親他，教他看圖、認字、說話，還說以後要帶他去登山、釣魚、露營等等，他說很同情自己的父親生在那個時代，完全沒有享受到做父親的無上快樂。

時代變遷以後，男性不再能以力取勝，今天的小男孩打架或許已不拿父兄做「等著瞧」的盾牌，相反的有些家庭裡是父慈母嚴的。但是父親和兒子之間依然有「同性相吸」的地方，男女喜歡的事物仍然普遍不一樣，父親所能給、或帶領兒子的仍然和母親不一樣。在這一點上，我並不認為男女強要一致才算平等。

小男孩如果幸運地有位既能給他做好榜樣，又能了解他、懂得怎樣愛他的父親，他就已經注定不會走上邪路，不會長歪了。他的成長可以免除很多掙扎、徬徨之苦。將來也許不一定功成名就，不一定日進斗金，但他一定不致成為為非作歹、害人害己的敗類。

父親的話和行為有時甚至比母親的更深刻在子女心中，而兒子長大後往往也會不知不覺像起父親來了，這影響是相當久遠的。

背起小書包

3 愛戀母親

曾有不少人說男人選妻的時候，是以母親的形象做標準。婆媳戰爭則被形容為兩個女人爭奪一個男人，直把母親和妻子放在同等的地位了。而D・H・勞倫斯的名著《兒子與情人》（*Sons and Lovers*）更細膩地把母親和兒子之間的那份情，交織成一幅讓人時時有會心感觸的圖像。當然這一切與亂倫絕無關聯，而且也不是絕對一致的。但從心理學上「戀母情結」的經常被引用，可以證實母親通常是男孩子愛戀的對象。

小男孩在母親的撫愛、照顧下成長，輕柔的細語、體貼的呵愛，以及「肌膚相親」的和他摟抱、親吻，都是父親所不及的。於是小男孩從心靈到身體都愛戀著母親，受到委屈和痛苦需要母親的撫慰，在生活上更需要母親的安排和打理，母親的愛讓他覺得安全甚且可以依賴。不過，正像果子成熟會脫離母體，自然萬物的成長都有一種力量，必須脫離母體才會繁衍生命。小男孩會隨著年齡的增長，漸漸把對母親的愛戀潛藏心底，轉而尋覓另外的愛戀異性，就像所有求偶的生物一樣。

而由於愛戀，小男孩通常會希望他的母親是漂亮的，這漂亮並不一定是社會標準，像溫柔可親，甚至親友鄰人喜歡接近都是一種漂亮。「兒不嫌母醜」通常是母親有發自內在的美，讓她的兒子深以有這樣的母親為安慰、快樂。

母親可以好好運用「母子戀愛期」，教導兒子很多東西：在給他說故事的時候，一起讀故事書的時候，甚至在他犯了錯處罰他的時候。當然，在教育兒子和女兒時，基本上有很多共同的道理，但是處在一個男女還沒有完全真正平等的今天，有些偏頗的觀念，是需要母親以智慧分辨後教給兒子的。像對男女兩性角色怎樣才是合理的要求，愛異性和尊重異性是一體的等等，都需要母親從小點點滴滴灌輸，也讓小男孩學著怎樣了解異性。

不過有些母親太愛兒子了，她們下意識地拉長愛戀期，甚至期望永不結束，這才成了嫉妒兒子交的女朋友，不願兒子和媳婦相親相愛的、永遠不肯「放手」的媽媽。有的母親在照顧兒子生活起居上無微不至，體貼到不可思議的程度。曾有一個讓妻子受不了的丈夫，說他上高中了母親還替他洗澡，所以妻子也「必須好好照顧他」；另一個男人則連外出穿什麼衣服也要問媽媽，氣得他的妻子要離婚，因為他實在太不像一個大人了，很難承擔丈夫和父親的擔子。

愛得過度固然讓兒子長不大，但愛得不夠又會造成心理扭曲。不少專家在追溯罪犯童年時，發現他們幼年時就缺少親情（缺少母親的愛尤其嚴重），或父母的愛有缺陷。雖然在這樣的家庭裡，男孩女孩同樣受害，但男孩長大後極可能變成因憎恨女性而犯罪。對某種性格的人來說，愛和恨真的是一體的兩面，甚至是混纏不清的，當然也嚴重的影響到他們對女性的觀念和態度。在母親合情合理的愛撫下長大的男人，才懂得怎樣愛他的女朋友和妻子；反之，他可能是退縮的、暴戾的、極端依賴的，甚或變態的男人。

由於有「慈父嚴母」的家庭出現，而且小學老師陰盛陽衰，有人擔心男孩子會越來越失去男性的陽剛而變得娘娘腔。其實一個心理和性格都正常的人，只要父母都懂得怎樣愛他，自會發展成一個有「整合性性格」的男人或女人，不再是傳統僵化的性別角色。如果小男孩愛戀的母親是果斷、賞罰分明，但仍然深愛他的女人，那麼他會從母親那裡了解現代女性的特質。而他的慈父只要有值得他崇拜的地方，他是不會變成性別倒置的。

背起小書包

害羞不是娘兒們的專利

父母如果有兒子也有女兒，細心觀察後可能會發現，在某些場合裡，兒子比女兒更害羞。通常讓男孩子害羞討厭的是爸媽讓他們在客人面前表演，或是面對一堆客人喊伯伯阿姨什麼的。叛逆性強的孩子會強烈的反抗，柔順點的孩子則可能滿懷憤怒地服從父母的命令，暗中卻激烈的氣恨著父母。

女孩比男孩伶牙俐齒一些，相形之下，要小男孩硬在人前表演或喊張伯伯李阿姨，實在太難為他們了。但是不明智的父母喜歡把孩子秀出來，博得客人讚揚肯定自己的子女聰明伶俐，同時又不重視孩子的感受。常聽一些父母責怪：人後一條龍，人前一隻蟲，其實太冤枉孩子，頑皮本來就是大部分孩子的天性，要孩子在大人面前作秀才是父母虛榮心作祟呢！

一位男士回憶他小時候因為學了小提琴，父親最喜歡要他當著客人面表演，每次他都恨得想把提琴砸碎，但父親是嚴父，他只能恨在心裡罷了。終於他在初二反叛性最強的時候，抵死不再學琴。現在雖有點後悔，可是當時他嘗到報復父親的滋味，認為自己做了一件最勇敢的事情。如果父親當初不強要他表演——因為每次表演他都緊張得頭疼欲裂，渾身冷汗，恨不得立刻從地球上消失——他是不至於抵死中斷學小提琴的。

父母當然認為訓練孩子應對進退是一種家教，尤其認為男孩子要膽子大，見人要大大方方堂堂正正的，怎麼可以扭扭捏捏像個「娘兒們」！於是孩子越表現得害羞畏縮，父母越逼得厲害。最後是「習慣就好」，表面上訓練成功，卻已可能在孩子心上留下長遠以後才發作的後遺症。

女孩子害羞人人覺得她文靜羞得可愛，男孩子則常遭譏笑，甚或被家長訓誡。但是曾有專家在國內做過調查，結果有百分之五十五的男孩認為自己是害羞的，女孩只有百分之四十九。這個比例雖然是指性格而言，但足見害羞絕不是女性專利。

性格上過度害羞在今天的社會，不論男女可能都要努力做某種程度的「修正」（但我總認為害羞也是一種可愛的特質，而有藝術家性向的人常有這種特質），才能不妨礙交友、工作等等，不過小男孩在某種年齡層的害羞，父母實在不必緊張，更不必強迫他們在人前作秀。在孩子們的眼中，成年人有時是很「可怕」的，尤其是那些半生不熟的長輩，他們常會問一些孩子們覺得荒謬恐怖，甚至很驢的問題。對心理成熟度還沒發展到關心別人、對別人有興趣的小男孩來說，這簡直是折磨。

不過今天大多數的男孩或女孩，比起他們的父母要膽大多了。有人認為這是因為他們不再背負傳統文化的包袱，父母也不會時時責訓他們「小孩子有耳沒嘴」，不准亂說話，他們在家可以暢所欲言，因此到了學校或是面對大眾傳播工具都敢侃侃而談。但也正因為很多孩子有這樣「大方」的表現，父母如見自己的孩子——特別是兒子——竟然還會害羞，在人前彆扭，就更急於改造他們，這是很危險的。

讓害羞的小男孩順著他自己的意願和心理、生理的發展成長吧，只要父母給他溫暖、安全、有愛的成長環境，他會逐漸學著怎樣和別人應對的。多留些純真給孩子的童年，不必急於讓他們變得世故。而硬把孩子推到成人面前表演掙面子，除非孩子真喜歡，否則父母也無權越俎代庖，孩子不是父母的私有財產呀！

5

背起小書包

要電動也要運動

因為有了王建民，美國大聯盟棒球賽轉播時電視機前的球迷個個熱情奔放，排隊買王建民的紀念品時，多麼辛苦也不在乎。看起來似乎大家都很熱愛運動，事實上有一項調查顯示國人的運動量相當不足，無論男女老幼，全都排在西方人的後面。儘管男孩子比較好動，比較愛打架，比較愛冒險，但那都不是真正的運動。

有位旅居美國的母親說，孩子讀到小學三年級時，就得選一項球類或運動參加。星期六會有教練領著去賽球，最要命的是父母必須有一人或兩人同時奉陪。球場上通常無處遮蔭，她又不好意思打傘，常常在毒辣的太陽下曬到發暈。但別人的父母甘之如飴，她也只得「隨俗」。不過一段時間以後，本來瘦弱的孩子變得健壯許多。每次球賽結束，孩子臉頰紅通通的，滿頭大汗，胃口特好。她不會像其他老外父母把孩子賽球成績看得很重，那些人通常為了一球輸贏吵得不可開交。但她體會到運動確實對發育中的孩子非常重要，也對強迫孩子運動的教育制度十分認同。

除非特別喜歡運動的人，一般人大都很懶，孩子也不例外。自從有了電動玩具以後，幾乎把青少年一網打盡，甚至很多「前中年」的人也沉迷其中。難怪製造電玩、設計電玩的人，都成了新貴。進了學校以後，有更多同好可以交換資訊，於是電玩成為生活的重心。不是鑽進網咖，就是回到家房門一關，進入電玩天地。最近國外報導說「吞世代」（tween）出現了，以前十六、七歲青少年典型的心理和行為提前到八至十歲，他們已經開始約會、聽充滿性行為描述的流行音樂、用手機打電話、在網上交換八卦，而且玩成人電玩遊戲。電玩又增加了一種吸引力，這吸引力對男孩可能尤其強大，一旦成迷，就很難自拔。

電玩或電腦改變了現代人的人際關係，也改變了人的價值觀。電玩除了成人遊戲以外，大都強調怎樣打敗對手，怎樣佔上風，人際之間的謙恭、和睦，大約已成為很可笑的價值觀了。

而發育期間的青少年沉迷於電玩，大多數又是在室內，絕對是有礙健康的。如何導引、甚或強迫這種年齡的孩子運動，學校的功能強過家庭，設備及課程的安排都極重要。在「全民運動」還只是一種口號的今天，父母也只能以身作則的帶領和時時提醒孩子，定出打電玩的時間表，嚴格執行。

從小養成運動習慣，有助於成年以後持續運動。台灣大學因為有三位教授猝死，就加強健身室內的設備，鼓勵師生多運動。運動當然不是為了塑造肌肉男或波霸女，只是維持健康最基本的方法，而維持健康更是一個人對自己的義務吧。

更何況有些電玩主題荒謬偏差，青少年一旦認同就會影響他的認知。在《養男育女調不同》這本書裡就有這麼個例子：作者看到一則電玩廣告，說做一個男子漢大丈夫就要玩虛擬世界中的芭比娃娃，那娃娃長腿、細腰、大胸，不頂嘴，沒有自己的主張，跟著男人亡命天涯。當然在真實生活中，真男人和真女人都不是這樣的。

最近有種新人類叫「宅男」（編按：日文「御宅族」的通俗用法，指對動畫、漫畫和電腦遊戲有高度興趣的男性），就是電腦和電玩製造出來的。既然電玩也是生活的一部分，那麼就該選擇遊戲的內容，訂出玩的時間，同時絕不能四肢不動，否則腦子雖在轉，肢體卻僵化了。

性教育要及早

「你知不知道？現在小學生就在搞性遊戲了！」一位在小學教書的朋友有次面色驚惶的告訴我。她說發現這事是在一次放學後，有幾個男女學童（好像是五年級）留在教室為第二天一個什麼活動做些準備，她無意中推開教室門看見他們在玩成人遊戲！這老師驚愣在門口，然後女孩羞愧痛哭，男孩則臉紅默立一旁。她強令自己冷靜地處理，事後卻久久不能平靜，更讓她印象深刻的是女孩異口同聲地哭著說：「都是他們強要的！」

也許這只是特殊的例子，但在兒童越來越早熟，加上網路的興盛，孩子們性「知識」來源既多且廣，滿足性的好奇也可能不僅只是互相講講「性語」，弄點小動作而已，年齡更有往下降的趨勢。

「食色性也」，性是人類最自然的需求，這需求從人對性的好奇開始，本來不應該大驚小怪，朋友驚的只是玩性遊戲的人年齡小到不合情理。值得探討的是讓她印象深刻的女孩子的話。

從來古今中外男女在性方面就是兩套標準，多少皇帝的三宮六院七十二妃是理所當然，一個武則天有面首被千人罵萬人唾。男人一生中有多少女人無損道德，女人則必須從一而終的貞潔至死。今天的時代雖然已大大不同，但男人在性方面仍然有更多的「優待」；而且是要主動的、強勢的，否則就沒有男子氣概。

這種觀念成人也許沒有直接向男孩子傳授，然而成年男人的言行卻對男孩有潛移默化的作用，他們可能從男性長輩的言行中，知道男人在性行為上是有「優待」的。另外也許是像一些專家說的，男性由於生理構造的不同，容易衝動而主動，因此男性的性犯罪自是比女性多。也正因為這樣，怎樣給小男孩正當的性觀念，讓他們知道性和愛的關係，性和尊重女性的重要，性和責任、人格等都不可分等等，都要點點滴滴灌輸。

父母在兒子小時常不知不覺流露出喜愛或激賞他們的生殖器的心情，給予一些可愛的、好聽的名稱。寶貝命根子從小受到寵愛和重視，不知不覺會讓男人格外看重自己的生殖器官，如果他沒有正確的性觀念，就很容易因重視而放縱，而「不可一世」；相對的，很多男人也受害於種種「雄風不振是可恥」的傳說和廣告宣傳，造成身心的傷害。

如果小男孩發現父親或男性長輩在性方面是粗暴蠻橫的，他當然學不到溫柔和尊重。如果他常聽到成年男人談起性是可以為所欲為的，他當然學不到性是可以節制可以昇華的，是發乎情止乎禮的。

那幾個小學童玩性遊戲，可能只是純粹為了滿足好奇心，但小男孩「強要」

正顯示了男性在性行為上主動的態度「起源」甚早，父母對孩子的性教育也必得早早開始才行。如果父母在基本心態上就有男女平等的意識，自然不會給兒子和女兒兩套不同的性教育標準。

性和情理應是一體兩面的，當然成年人或許偶有單純的性行為不涉及情，只要不造成對別人的傷害，不在社會上形成氾濫和污染，在今天這個開放的社會並無人能干涉。可惜能拿捏分寸的人絕無僅有，這是最嚴重的社會問題。

至於對孩子，成年人是有責任教導他們的。而這當然要成年人從自身做起！愛我們的兒子，就要他們在性行為上不反常的膨脹，也不受到傷害。

教育部編了一本《青春達人——國中性教育自學手冊》，因內容太過「坦白」引起軒然大波。先且不論表達標準，但孩子的性教育受到重視是對的。

第二篇 轉大人

暴風雨期

1 成人雛形世界

對於一些小男孩來說，上國中是另一個不同的學習環境的開始，同時也隱隱地擔心那個新環境裡會有他不熟悉、不了解的「屬於男性的情況」，因為國二或國三的大男生和小男生是完全不同的。曾經有個國小畢業的男孩，聽說國中生很狠，他們喜歡打架，還會用帶鉤子的小刀刺人，而且會欺侮新生，會勒索同學，不從者就被挾持到黑巷子去痛揍一頓等等。這種焦慮和恐懼，使他經常莫名其妙地肚子痛。經過醫師診治和家長對兒子的溝通了解，才化解了這小男孩的心病。

國中的確是有點成人世界的雛形了，發育比較快的男孩子，到了國二、三時已頗有「男人相」。他們可能已開始接觸到男性專有的暴力，也可能接觸到以不同面貌出現的性。打架的段數升高了，也複雜了，不再像小學生那麼「幼稚」。「性」的種種言語開始流傳，很多小學生所不懂的「性知識」可能會從高年級傳下來。抽煙喝酒等等成年人的行為，也可能出現在他身邊。

如果是男女同校或同班的國中，這個小男孩就會漸漸用不同於小學生的眼光來看女同學了。更不同的是他很在意女同學會怎樣看他，於是他似乎突然之間變得更整潔（儘管他的房間還是亂得像狗窩），勤於梳頭、刷鞋、換衣服，甚至於還會自己燙制服。對於身材的高矮十分敏感，太胖太瘦都不滿意，若是天生膚色白皙的更恨，最怕同學笑他像女生。

今天十幾歲的國中生又和一世代以前的少男不大一樣，他們的性格微妙的轉變，不再是絕對的純陽剛，相對於少女不再是絕對純陰柔。他們可能比父親輩年輕時更敏感，更細膩，這和父母角色逐漸變化有關。由於投入職業行列的母親增多，她們和丈夫共擔家計，也常是家中出主意、做決定的人，孩子們會在無形中體認到女性剛強果斷的一面，也會受到男性溫柔細膩的一面的潛移默化。從班上的女同學中，男孩也會有同樣的發現。所以雖然他們怕被人笑話像女生，可是性格中已不知不覺的滲進傳統所謂的「女性特質」。

這是個好現象，據外電報導，日本有些地區的中學教科書中，已出現男性烹調、育嬰、做家事等教材。讓中學男生從觀念中調整男女傳統角色的特質，讓男性從小接受這種種實際生活中不可逃避的責任，將來他們才能勝任愉快，踏實的生活，而不是架空在傳統大男人的生活裡，徒呼負負。

不過大多數剛進國一的小男生，對這個「成人雛形世界」往往不能馬上適應，因為他們的身心有一半仍然是小學生。對父母的依賴依舊，也不會立刻交一大堆新朋友，同時國中增多的課業負擔也讓他應接不暇。父母親如果不細心觀察，會以為他們還是像小學時那樣「好管教的小寶貝」，其實那可正是「暴風雨前的寧靜」。

專家把青春期稱為人生的「暴風雨期」，國中生正一步步的朝著這個時期走去。他們外在的環境越來越複雜，內在的改變也越來越顯著，如果這時候家庭再發生變化的話，小學時可愛的小寶貝突變成一個小魔鬼不是不可能的。尤其是小男孩通常所處的成人雛形世界比小女孩的更波濤詭譎，若沒有父母的翼護和指引，他們比女孩更容易掉進陷阱。

我多年來接到不少母親或姐姐（雖然她們也許只不過比弟弟大兩三歲而已）的來信，對那自從進了國中就變得讓她們束手無策的大男孩，傷透了心，也焦急萬分。

所幸，絕大部分男性都能順利度過，那暴風雨只是生命中可貴的回憶了。

暴風雨期

朋友第一

男孩子比女孩子更會交朋友，到國中以後似乎就可以明顯的看出來了。女孩子大多喜歡雙雙對對結為膩友、交換祕密、談知心話、攜手並肩進進出出，連上廁所都一起去。兩人之間若多了第三者，就會有傷心吃醋的事件發生。而男孩子常會三五成群、呼朋引伴，分享這種年紀認為重要嚴肅或和異性有關的種種事情。

正如女孩一樣，這個階段的青少男認為父母是他們保密的對象，心底的祕密只能告訴死黨。他們有共同的喜怒哀樂，用共同的語言交談，所以這個時候，朋友比任何人都重要。尤其現在一般家庭手足少，更需要朋友，所以父母最好鼓勵孩子和同學多交往。

女孩子談到心儀的異性是祕密，只讓最好的朋友知道；而男孩子則願和一群朋友分享，而且還加油添醋吹牛一番。同時男孩子和朋友之間的話題常常比女孩子更廣泛，天南地北、過去未來都是話題。

和朋友在一起除了窮聊海蓋以外，也會彼此壯膽，幹些父母不一定允許的冒險事情，違規犯紀、抽煙翹課等等。不過只要家庭環境正常，性格上沒有嚴重的缺失，一般孩子不至於闖出什麼大禍。他們在一起彼此學習生活，了解自己以外的人性，有些還幸運地能結上一輩子的生死至交，影響力甚至還超過父母。

一般男孩子對朋友心胸也較女孩寬大，對比較有領導能力或其他方面能力較強的，願意遵從他，不會嫉妒他。也許是男性對能力較有服從性，因此而造就了較多的領袖人物，就像很多雄性動物把地盤讓給更強的同類，讓牠來領導群體一樣。

也正因為朋友的影響力太大，「近朱者赤，近墨者黑」這句話被成年人用來告誡年輕人交朋友要當心選擇。當然這是一句至理名言，對有容易受別人影響性格的人尤其適用。但另一句相對的話我卻覺得更加有理：「物以類聚」，更高的層次是「道不同不相為謀」。大凡能長期結交為朋友的人，在性格上也許不盡相同，但人生價值觀則不可能相差太遠，否則就會逐漸疏遠。

有些父母在子女走入歧途時會歸咎別人的孩子帶壞自己的孩子，其實不是那麼單純。基本上自己的家庭或孩子一定有某些方面先有了問題，父母可能本身婚姻有了「病症」，對孩子寵愛得太過分，或是愛得不夠，也或是愛的方法有偏差。再不然可能孩子性格上有缺陷，或受到某種外在的挫敗打擊等等，使得孩子偏離了正常的軌道。

誰都知道壞朋友對自己有害，好朋友對自己有益，但好、壞之分卻是極主觀的，尤其是人生體會極淺的少年時，往往還是循「物以類聚」的原則交朋友的。擔心子女交上損友，恐怕還是得先從自己家庭做起吧！

現代的青少年比起以前可又複雜多了，少年朋友交換情報的內容，雖然仍大多是愛情和性，卻不是那時的「純純的情愛」了。少年朋友在一起，若是沒有在家裡培養了足夠的預防能力，闖出來的禍是很嚇人的。而公寓生活和沉重的升學壓力，使得越來越多的青少年除了在學校和同學相處以外，放學後若是不到網咖或ＫＴＶ去混，就沒有和朋友交往的快樂了。這真是現代人的損失！

有朋友的青少年是快樂的，父母不能小看了他們的朋友，更要指導他們交朋友。青少年仍是感情真誠的人生階段，能成為好朋友也有較結實的基礎，那常是成年人所不及的。一個朋友都沒有的孩子，父母或是師長就要特別注意了。

3

暴風雨期

異性和性

雖然曾有小學生玩性遊戲的特殊事件發生，不過一般說來，男孩子大部分到國中以後才開始會正眼瞧另一性。

現在的國中生身心發展的程度似乎直追以前的高中生了，同時對自己身體的發育以及女性的身體常識也都比以往更豐富。很多國中生都在同學家看過A片，網路上的性更是五花八門，赤裸裸的、直截了當的，少年們可以全無阻礙的照單全收。

而追求異性也不再像過去那樣「心裡想她千萬遍，見面也不敢發一言」了，至於傳紙條寫情書雖還有，不過更多的是直接線上聊天或簡訊訴情，他們自會有種種方法突破父母防範的關卡。國中女生也不再像過去那樣扭扭捏捏的，她們大方開放，有的更有勇氣對男生表示好感。

這種種現象事實上並不像有些父母擔心的那麼可怕，對異性的了解有助於他們正當的交往，對自己的了解則不至於產生種種因身體發育而引起心理的困擾。父母如果不認為「男孩女孩在一起一定不幹好事」那樣的強烈暗示，而給予公開討論的機會，他們會從與異性交往中，學到怎樣跟異性相處，這對於將來和配偶共同生活是有幫助的。

由於想博得異性好感，男孩女孩都會努力展現自己的優點。梁實秋先生在《雅舍小品》（正中出版）中曾說男孩子在有了女朋友以後，才洗耳朵後面的污垢，就點出了其中精髓。事實上男孩子是喜歡在女孩子面前獻點殷勤，秀點自以為與眾不同的地方，引起女孩的注意，但有時也並沒有特定的目標或目的。女孩子笑一頓，他們也很樂。

男女同班的學校都發現，一般學生的行為表現較良好，讀書成績也相對的有提高。除非青少年的家庭裡有了嚴重的問題，使他們轉而向異性求取安慰而演變成超出一般朋友同學的感情，或受到強大的壓力而覺得非幹點「不尋常的事」來紓解，或是克制不住過分的好奇心而闖下大禍，大體上青少年結交異性也不想惹上大麻煩。

父母應該相信他們，常和他們談論他們的異性朋友，讓他們了解父母是可以談這類話題，而不是事事處處都要躲避不能讓父母知道的。父母和老師可以利用青少年想在異性面前有好的表現這種特質，鼓勵他們在人格和學業上都不斷超越自己。

不過和女性比起來，男生若約一個女孩，他們大多數會認定那就是談戀愛，不是交一般普通朋友，那個女孩就是他的「馬子」，別的男孩更認定她是他的「那口子」。但越來越多的女孩卻覺得寧願只是比較談得來的朋友，不是談戀愛，他也不是她的愛人。這種觀點上的偏差常使青少年在結交異性時，落入痛苦的掙扎或爭執，一旦問題出現時，友情和愛情一起完蛋。

因此我常建議青少年不要太早和異性一對一的交往，不要太早談戀愛，因為早早「定了終身」鐵定會後悔。若因交往的觀點不同而造成誤會，就可能失掉一個很好的異性朋友。而且兩性間若太早親密，太早失掉異性的吸引力，太早滿足了對異性間的好奇心，是人生的一大損失，往後的日子更無趣。

異性是青少年時期最重要的注意對象，男孩由於生理不同，若沒有得到正當的指導，就很容易把愛情和性變成同一件事，但他們又沒有能力解決性引發的嚴重後果。這是有心人呼籲教育當局給青少年正確的性教育的理由，尤其是對男孩子，因為他們可能會在性衝動的情況下採取主動行為。

4

暴風雨期

動手又動腦

男孩子不愛做家事，一是父母——尤其是母親——的放任，一是家事缺少變化與挑戰性，其實很多男孩子是很喜歡動手動腦的。

大多數男孩比女孩對機械有興趣，只要給他們機會，對家中簡單的電器或器械的修理都有興趣，開車幾乎無師自通，摸弄幾下就會了。奇怪的是等他們結婚成了「大男人」以後，反而不願在家做這些，於是很多妻子在「求人不如求己」的情況下，逼得去打理這些。中年以後男女性格往往反轉，相信和長時間現實生活的磨練有絕對的關係。

男孩子也很喜歡動腦思索怎樣解開難題，所以縱使他們不愛作學校的功課，對下棋或打電動、學電腦這些方面卻興趣頗高。於是好像順理成章似的，家庭裡這些機械理工類事務，常常母親依賴兒子，姐妹依賴兄弟。若偶爾出現喜歡這些事情的女兒，或不喜歡這些事情的兒子，都讓父母認為是異數——男不像男、女不像女。而那些學校功課成績不好，卻對這些事精通的男孩，又讓父母焦心，生怕他們將來進不了上層社會。

中國人向來是重讀書而輕勞動的，讀書人「手無縛雞之力」並不可恥，反而是斯文的象徵。所以男孩子在家裡若特別喜歡在這些事務上動手動腦，最好先有學校裡的好成績，否則雖然被依賴，卻不會受讚賞。也因此成人世界裡有不少「生活的白痴」式的知識份子，如果社會裡沒有那些被他們輕視的勞動者在做各種工作，身邊沒有女人就近照顧，生活就會癱瘓了。

不管男女間這種差異的形成是先天還是後天，愛動手動腦如能好好發揮，應該對人都有正面的功能。從小男孩幼年時喜歡拆散玩具或家中器物，到逐漸成長中去摸索怎樣解決東西的故障，甚至打電動玩具在正確的指導下也有助於訓練腦力。而且無論男孩女孩只要有興趣，都應該幫助他們發揮學習，性別理應無礙。

一位旅居國外的男士說他除了愛書房以外，最愛他的工具間兼工作房，也就是美國一般房屋都有的車庫。憶起小時候他總是偷偷摸摸把一些工具藏在床底下，但還是常常被母親翻出來罵一頓以後丟掉。現在他最喜歡做的事是在車庫裡敲敲打打，還有兒子在一起合夥「工作」，他認為這是生活裡的樂趣，也是創造設計的工廠，更是男人快樂的天地。可是只要女孩喜歡，何嘗不可進入這樣的天地，創造本身就是一種快樂。

作家及畫家奚淞曾說：「有時做個快樂的手藝人，是一種很好的平衡生活。」大多數男孩無論先天或後天，在這方面都比女孩佔優勢，父母如果能給他們一方空間，讓他們在其中遨遊，相信在精力充沛、好奇心旺盛的少年時期，可以讓他們的身心有最好的專注對象，不致毫無目的的閒蕩，浪費生命。

曾認識一個來台學中文的美國青年，他說兩年以後要去丹麥學做木匠。我愣了一下，因為他是大學生。但他說丹麥的木工舉世聞名，是技術也是藝術，他一點不覺得大學畢業去當木匠有什麼不對勁。丹麥的木工製品是該國第二位工業輸出品，而這個國家每年平均每五百人就出版一本書，文化和生活水準在全世界都名列前茅，足證知識和勞動是可以結合的。

還讓我們的男孩子堅守做傳統的斯文讀書人嗎？

5

暴風雨期

鬍椿子和青春痘

小男孩喜歡看爸爸刮鬍子，但等到自己的唇邊腮幫子上冒出鬍椿子時，心情就不單純是好玩了。他們可能會喜歡，因為這表示更接近成熟，也可能會憂慮，不知道女孩子對他的鬍椿子觀感如何。但如果唇腮幼嫩如少女，也同樣會帶來困擾，或會成為同伴取笑的對象。「與眾不同」是青少年最害怕的，白先勇在《寂寞的十七歲》中，有一段描寫十分傳神：「我比他們發育得早，十七歲的人，胳肢窩及大腿上的汗毛都長齊了。上籃球和足球課時，賴老師規定我們打赤膊，他們都笑我是猴子變的，全身的毛，我恨透了。」青少年的心是極敏感的。

而跟鬍椿子差不多同時出現的是青春痘，這個討厭的東西讓很多青少年恨得牙癢癢的，嚴重的時候甚至會影響到他們的心理。我曾陸續接到青少年被青春痘困擾的來信，他們連帶的會抱怨父母不了解，不是怪他們小題大作——「長幾粒青春痘有什麼了不起」「哪個人年輕時不長」「男孩子那麼愛漂亮幹什麼」等等，要不就是倒打一耙——「心不用在讀書上盡去關心什麼青春痘」，這使得他們更恨那些痘痘。

其實十幾歲的大男生儘管長了大個子，長了鬍椿子，但在某方面仍然是需要父母關愛的孩子。適當的愛心雖然不能治好他們的青春痘，卻能感受到父母對他們困擾的了解。

有位男士回憶他十六、七歲時，因為常愛在浴室裡對鏡擠青春痘，只要被母親發現就會冷嘲熱諷一番。最毒的是還要把他妹妹叫到浴室門口，一起嘲弄他愛漂亮，氣得他故意把浴室門反鎖，不擠痘子就是坐在馬桶蓋上不出來。其實弄面鏡子在自己房間裡擠就礙不著誰了，或是如果媽媽懂得他的心理，叫他到房裡擠，給他一個台階下，母子之間也就沒有那竟然持續一年多的「痘子之戰」了。

兩代（或夫妻）之間的爭執，豈不常是起因於芝麻綠豆的小事嗎？

男孩子在青少年時期愛漂亮的心不輸給女孩子，和媽媽感情好的兒子也愛佔用媽媽的梳妝檯，當然不是調脂弄粉，但梳頭吹髮就會用到媽媽的工具。做母親的不妨站在欣賞的角度，孩子成長過程的每一階段都不會很長，轉眼即逝；只要他們不過度耽溺在愛漂亮、專門重視外表上，父母大可放心。至於把讀書和愛漂亮扯在一起，實在太牽強。如果孩子讀書成績不好，過分的愛漂亮就可能表示他在學習上有困難，花大把時間擠痘子吹頭髮只是逃避問題，父母何妨往另一個角度了解青少年期的兒子。

也曾聽到有人對現代男性衣服髮型要設計，還美容做臉，十分不以為然。基本上我也不是站在贊成的一邊，但在多元化的社會裡，人的價值觀本就繽紛多姿，只要不是危害或妨礙別人，這現象也只有看成是「人各有愛」罷。但這一般來說和青春期的愛漂亮是不同的，青春期為了幾粒痘子把臉擠得凹凸不平的男孩，成年以後卻也可能是不修邊幅，連清潔都草草了事，遑論保養美容的男人。

在鬍椿子和青春痘冒出來的年齡，男孩子面對身心的變化是既興奮又惶恐。除了鬍椿子和青春痘以外，更有那不知如何對待的性衝動。由於我們的性教育還處在「半推半就」的階段，於是青少年對性了解的程度有極不同的差別：有人已經和異性有過性經驗，有人還怕死了自慰會「掏虛」他的身體。

青少年這段期間，需要長輩對他的鬍椿子像成年人一樣尊重，對他的青春痘都要像對孩子一樣了解幫助。

6

愛面子

也許是受了「打落牙齒和血吞」這一類男性價值觀的影響，很多男孩比女孩更愛面子。他們甚至認為訴苦會像娘兒們，就算跟好朋友聚談，無意間洩漏出幾句苦經時，也要刻意表現出滿不在乎的態度，以示這點苦不算得什麼。

從小男孩挨了揍摸著紅腫的手掌或屁股，淚水在眼眶裡打轉，還硬著嘴說不痛，到青少年時或栽在比自己狠的傢伙手上，或泡的馬子不理他了，還要在不在乎的表演中加上幾句吹牛，保全面子才是最重要的。成年以後如婚姻碰上難題甚或離婚，事業受到挫折，很多男人也為了面子不訴苦，只有以酗酒或其他方式逃避、發洩。因此有心理學家指出，不會訴苦的男性更容易鬱結成心理方面的疾病。

此外，性能力也是男性認為和面子大大有關的事。在美國青少年中，十幾歲有過真正性經驗的男孩子為數甚多，而從來沒有的也要吹噓自己有經驗，否則就沒面子。在純男人聊天時誇大自己的性能力是常態，但很多人也同時恐懼懷疑自己不如人，讓宣稱可以壯陽的藥物及治腎虧的祕方賺了不少錢。

還有把妹沒錢付帳當然沒有面子，借錢也要充起場面來（這當然也是女性承傳了要求男性供養的結果。幸好男女平等觀念興起，現在已有一些年輕男女約會各自付帳，甚或偶爾也由女方請客了）。這心態延續到結婚以後，如果太太錢賺比較多，丈夫自然也覺得大大沒面子。

沒面子還包括性格比較溫和、身材過分瘦小等等達不到傳統對男性要求的標準。性格強悍不服輸的就會從其他方面掙足自己的面子，讓人另眼看待；怯弱的就會變成嚴重的自卑。

這種心理自是有久遠的「傳承」，大至國家社會名留青史有頭有臉的人物（大奸大狠的角色還用個「梟雄」尊稱），小至家庭裡的一戶之長都是男性。於是男性在下意識中認定做一個男人必須「有頭有臉」，要讓別人看得起，要被尊重。這真是苦了男人，現在有「女強人併發症」「E型女性」的困擾等等專書專論，其實現代男人的壓力也不輕呀！

愛面子的正面功能是可以磨礪心志，為爭得超越他人的肯定而努力發揮自己的潛力。把愛面子變成推動自己向前向上的力量，結果很多人也都終於達到目標。其次是遇到挫敗或打擊時，鼓勵自己不要貽笑於人，要能東山再起才是一條好漢。像「屢敗屢戰」「天涯何處無芳草」等等都是在這種情況下創造出來的名言。

但是，愛面子——特別是在青少年時期，血氣方剛——有時很容易鼓動、被利用。別人幾句話一捧就暈陶陶的不知東南西北，把自己的實力高估上好幾倍。誤入幫派的青少年常常是因為在其他方面覺得面子不夠，譬如：讀書成績不好被父母老師罵到毫無尊嚴，貶到一文不值；或身材瘦小老是被欺侮等等，而「兄弟」卻給的面子十足，基於「江湖義氣」，就算不怎麼行的人剛進幫派時也是頗受照顧的。好幾年前一個「終於想通了」的男孩子給我寫的信，詳述他就是這樣誤入幫派，結果越陷越深。有些男孩子闖下禍也只是由於要爭個面子——別人不敢我敢，多有種！

把傳統對男性不合理的要求當成男人的面子，用僵化的男性角色框框套在自己的頭上，都是一種自苦。父母親在撫養兒子時，千萬別把他們教養成外表堅硬卻不堪一擊的男人。但願男性能逐漸發展更合理合情的人性，女性也可以不再淪為「幫凶」，而成為有力的「幫手」。

1

成人先修班

異性純友情

心理學家吳靜吉博士在《青年的四個大夢》（遠流出版）中說：「由於青年時期性意識的覺醒，往往會誇張兩性之間的愛情，而忽略了友誼的部分。如果能夠強調男女之間的友誼成分、夥伴關係，而不過分誇張愛情，那麼年輕人就有更多的機會從實際交往中，了解並尋求一位終身伴侶。」

男孩子之間可能結成生死之交，但的確，他們對異性的友誼往往只誇大愛情的成分；很有趣的現象是，今天很多女孩對這一點子反而有不同的想法了。我接觸過不少這樣的例子：男女交往如果談得很投合時，男孩就認定這女孩是他的「馬子」，他們是情侶而不是普通朋友；女孩子卻希望他們只是談得來的朋友而不是情侶。她們會說只是喜歡他並不是愛他，她盼望彼此間有友情不是愛情。

男孩子認為男女之間只有愛情，尤其對他喜歡的女孩子，喜歡她就是愛她。「喜歡」和「愛」有什麼不同嗎？女孩子認為不同，她喜歡他，喜歡和他聊天、郊遊、看電影、討論，但並不愛他，不想佔有他，也不想和他有親密關係。這種在男孩子看來莫名其妙的念頭讓他們困擾不解，有的以為是女孩子故作姿態，有的以為女孩子玩弄感情。很多女孩子喊冤，因為她們本來只想跟對方交朋友而已，為什麼男女之間不能交朋友呢？

關於這種差別，我的看法是：傳統中男性從來就不把女性當成平等和平行的（像朋友那樣），他們要不是認為女性應該伺候男性，就是要被男性保護疼愛。他們不會跟女人「談重要的事情」，不接受婦人之見，因此不喜歡的女性他不招惹，喜歡的女性他希望能愛她，與她發生關係。

精神分析家佛洛依德（Sigmund Freud）說：「在男人身上，當他們還小的時候，母親以及其他照顧他們的女性對他們的情愛，日後出現在記憶裡，也是一股重大的力量，指引他們去趨向女人。」從這些話看來，男人下意識裡也很難把女人當純朋友。

但是女性從傳統性別角色覺醒過來以後，不再附屬於男人，也不願像易卜生（Henrik Ibsen）筆下的拉娜一樣，被當成玩偶般的寵愛。她們希望能結交異性朋友，拓展心靈和思想不同的境界。有些女孩子告訴我跟男性朋友聊天很有味道，玩起來男孩子點子也多，但可惜她如果對一個喜歡她的男孩子表明只願交朋友的態度以後，不是鬧翻了不再來往，就是再沒有男孩「敢」跟她玩。

年輕人交異性朋友能真正保持純友誼，大多數有比較開明的家長，不會一口咬定他們是「亂七八糟」的，而且父母和師長平時就常灌輸他們在異性面前坦坦蕩蕩，懂得尊重對方，保護自己（男孩子也需要保護自己，這點成人世界的男性常給錯誤示範），同時大家有正當的嗜好和休閒活動。

也正由於大多數男孩「不習慣」和女性交純朋友，和女孩子在一起定力就不夠。靦腆的見了喜歡的女孩會面紅心跳、手足無措，臉皮厚點的就可能直截了當追求起來，都不能用平常心接近女孩、了解女孩。因此離戀愛根本還有十萬八千里，就自以為慘遭滑鐵盧失戀了。

男女的觀念轉變進度不一致的話，年輕時頂多碰幾次要不了命的失戀，但等到真正結婚以後，這種不一致的觀念卻是可能導致婚姻悲劇的。

成人先修班

策劃未來有優勢

曾經有位女性讀者寫信跟我聊天說，她常翻看一些偉人故事、名人傳記一類的書，懷疑男性是不是真的比女性優秀？因為相形之下，女性的偉人和名人簡直少得不成比例。

如果用這個比例衡量到底是男性還是女性比較優秀，的確會讓女性洩氣。不過，這差異要從歷史、文化和社會等多方面分析，而且專家也認為客觀因素重於主觀。拿最實際的生活來看，懷孕撫育子女、柴米油鹽等等家務，根本上就奪去了女性思想的空間和時間，也使女性為發展本身潛力的時間和精力受到太多的剝削。如果女人在廚房裡燉肉時還能一邊看書，就已經很了不起啦！

但是受到傳統對男性賦與較多使命感、責任感的影響，一般青春期的男孩的確比女孩對未來比較有具體的計劃。這情況也許往後會有轉變，因為近來女性對所謂「生涯規劃」的興趣和需求都在提高，她們盼望生命裡不僅僅只有婚姻，也有自己的事業。

男孩子除了要發展自我以外，多少還會承擔著結婚後應該養家的觀念，同時「沒有事業不像個男人」的價值觀也有鞭策的力量。只要不是毫無主張、渾渾噩噩過日子的男孩子，在高中階段可能就常與同輩討論未來了。過去我接到這個年齡層的男孩來信，大多是為了自己的志向和父母的要求有衝突而苦惱，女孩則大多是為情而困擾。

但最近這幾年，有種我不知道是可喜還是可嘆的現象，年輕人的志向和父母越來越一致，就是未來人生的目標都是賺錢——連成名都還排在第二，成名有時至少還意味著鑽研某種項目的理想。所以衝突既無，苦惱當然也就沒有了。

不過青年期仍是重理想的多，在多元化的社會裡，「萬般皆下品，唯有讀書高」的傳統，已被年輕人從各種途徑擊破，刻板的角色定位也被否定了。很多喜歡藝術、文學、音樂、戲劇等等的年輕人，也改變了男性偏向政經、女性偏向藝文的專家定論，尤其在年輕還沒有機會走向政經圈的時候，他們在學校裡把藝術活動搞得很熱，而其中男孩子似乎更有較好的表現，有些甚至當成終身全力以赴的理想。

至於把科學、政經、工程等當成理想的年輕人，也都在現在和未來之間牽上了無形的繩子，父母對這些是加倍鼓勵的。男孩子由於沒有「適婚年齡」的障礙，只要跳過當兵的一兩年，他們就可以流暢的規劃生涯。

十多年前國外的心理學研究發現女性害怕成功，因為太傑出了男人不敢娶。

我永遠忘不了一個離婚的丈夫說：「我只要一個太太，不是要個家庭老師。」其實他太太不過是事業比他成功一點而已，在家裡哪敢「教」他，做丈夫的卻怎樣都不是滋味。而男性都是唯恐自己將來不能功成名就，所以他們可以毫無顧忌的給自己使命。成功的男人會成為偶像，而成功的女人大多是命好、運好，還有好丈夫在支持。

這許許多多先天或後天男性有利的因素，使得男性對自己的未來更能充分的策劃。那些沒有好好利用的男孩子，可真是暴殄天物呀！

偉人和名人只是人間的個案，每個人都該有自己的生活藍圖吧！

成人先修班

3 戀愛天大事

以前父母對子女諄諄告誡的是：上了大學以後才能交異性朋友。如今這界線早已越來越提前，小學、國中都有特別早熟的孩子，不過大部分比較認真戀愛的年齡提早為高中階段。

這時候可以看出不同性格的男孩，有不同的態度面對他們喜歡的對象：害羞內向的真是「愛你在心口難開」，他們滿腔熱情不敢表達，不但不接近喜歡的女孩，反而刻意躲避，因為不知如何應對。活潑開朗的卻也不一定敢直接表達愛意，他們可能只是敢跟女孩子談笑。所以他也許認識很多女孩子，卻對自己最喜歡的那個「不動聲色」。只有比較沉穩的會有計劃步驟的表達自己的愛意，甚而有進一步的發展。

不過戀愛是兩個人的事，還必須看那女孩是什麼性格，才能決定這場戀愛是否談得起來。也因此，談戀愛就成了這個階段的男孩子除了前途以外，最最關心和困擾的問題。

他們也都知道有大學指定考試、有兵役等等大阻礙在前面，但今天的年輕人營養好、發育好、開竅早，自然有「需要」談戀愛。父母的阻止反而可能成為加速的力量，他們決心要談戀愛時就認為自己是成熟的大人；不過，畢竟他們還只是個大孩子，在談戀愛這樁大事上需要有人商量商量。通常朋友同學是優先的對象；如果有死黨，會給他一籮筐的意見和建議，也是他最能接受的，這些死黨甚至還會很義氣的幫他一起瞞著老師或父母。和女孩子不同的是，女孩子大都只向一兩個好友吐露心中的祕密，男孩子一般卻不大在乎朋友知道他在談戀愛、愛上了哪個女孩。

如果他在家裡跟父母相處得很好，無話不談，那麼他會與父母商討。通常能和父母談心的孩子，不大會闖出自己解決不了的禍，父母要是能接納他的女朋友，他會因為這是件公開且堂皇的事而自重自愛（其實無論男孩女孩都有這種心理）。

當然，最難解決的大禍是不小心讓女友懷孕了。沒有哪家父母能接受這種事，而男孩自己又絕對沒有能力當父親，於是湊一筆錢找密醫墮胎成了唯一的途徑，有些女孩可能從此終身不能再孕。這是美好的戀愛中最殺風景的事，更何況高中階段戀愛的對象往往都很難持續下去成為結婚的對象。有責任感及良心的男孩子，身體雖不會受到傷害，心理上也會烙下永久的陰影。

其次是高中階段畢竟心理還沒有完全成熟，高一時愛上的人，到了高二、高三也許就厭膩了，尤其越是進展得快，有了親密關係以後，厭膩得也越快。這是由於太年輕的心是多變的，是不願太早被固定住、被束縛住的。看到很多因太早發生關係或女友懷孕而結婚的夫妻，男方抱怨被這婚姻絆住了，阻礙了他發展前程，女方則抱怨還沒玩夠就陷入奶瓶尿布當中，於是互相向外遊離，在心理上求補償。

這個階段的男孩子如果有最起碼的正確的性知識，有思想觀念正確的死黨，有明理而可溝通的父母，他是幸運的。談戀愛可以幫助他了解女性，甚至於也更了解自己，學習和異性如何相處，這對於有朝一日結婚之後怎樣和妻子相處，也是最好的「預習課」。就算將來不結婚，也懂得怎樣和女同事、女夥伴，以至女上司相處。失戀則更可以讓他體會談愛絕對是要兩性配合，不是單方面能完成的。

在只有男女兩性的社會裡，男女都必須學習怎樣和異性相處，才不會引來困擾、苦惱。

4

成人先修班

猜不透女兒心

賈寶玉第一次看見林黛玉的時候，就覺得「這個妹妹看起來好眼熟」，德國詩人歌德（Johann Wolfgang von Goethe）的名言「哪個少女不懷春，哪個少年不多情」，男女的互相吸引、兩情相悅是生物的本能。結果在青少年時期，因情而生的煩惱特別多。

在戲劇中也許「呆頭鵝」有很多人喜歡，但在真實生活中就變成沒有情趣（調）的男人。保守的中國社會，多少「女怨」透過文字和民歌傳達出來，希望能點醒那些不會感受對方情懷、不知體會女人心情的男人。很多女人「缺的不是那脂粉錢」，只要男人能「多給那一點點」——體貼和情趣——女人就滿足了。

當然，這樣的男人是從這樣的男孩子長大的，青少年時期的男孩子比起成人來，更缺少細膩的感受能力。這其實不能怪他們，他們乃是被教養成這樣的人。不是一代的教養，是千百年來男性的承傳，因為理性一向被「指定」是屬於男人的，感性則推給了女人。

男孩子告訴我關於感情的困擾常是「真搞不懂她心裡想的是什麼？」「無緣無故就發脾氣了，哭了。」「寫封信來一個字沒有，只有一朵乾了的白花，這表示什麼嘛！」「表面上笑著，其實心裡老大不高興，我怎麼知道！」「女孩子說是（要）表示不是（不要），說不是（不要）表示是（要），真的這樣嗎？」「她們的心理好複雜啊！」等等。

基本上以我的性格而言，我也害怕跟老是要別人猜她心思的人（無論男女）相處，挺累的。但不可否認，在男人要理性的要求下，大部分男性是不習慣也不大會體貼女性的心情。尤其在青少年期，他們還不需要和一個女人像夫妻一樣生活在一起。交女朋友不需要費太大的勁去揣摩對方的心情，他們可以充分的發揮男性氣概。特別是，現在「據說」男生吃香，被女生追的現象是越來越普遍啦！

由於「不必溫柔體貼」在先，速食文化影響在後，加上電腦網路入侵人們生活以後，不少年輕人交往異性朋友就跳過情直接到性，就更不懂得情是什麼了。兩性之間如何相處實在讓人擔心，如果只有性，那就是人類的退化了。女孩子常感困惑：「為什麼男朋友最大的興趣就是要發生關係？如果我不願意很快就吹了。」「為什麼他總是怪我不答應是不顧他死活，不在乎他有多痛苦？」

這樣的男孩子如果在成長過程中，沒有學會怎樣感受別人的心情和需要的能力，一旦結婚以後，他與妻子很難甜蜜和諧。因為他完全不懂妻子真正需要什麼，而成長定型以後，誰也教不會他溫柔體貼了。

父親是大男人主義，緊抱住傳統男性角色不願改變的家庭，大部分兒子也比較不會感受，缺少靈敏的直覺，性格僵化，是個封閉型的男人。如果母親早有覺悟，她會突破僵局，幫助丈夫改變，為兒子塑造能體貼別人、也能不怕紓發自己情緒的性格。因為很多男孩也是「不好意思」宣告自己的感受和需要的傳統男人，而體貼別人和紓發自己常常是一體兩面的性格，越是能體貼別人的，也越能勇於表達自己感情上的需要。

其實女性的覺醒也幫助了男性的覺醒，傳統的父親連在人前抱兒女都不好意思，今天的年輕父親已經可以快樂的替兒女換尿布了。

青少年時期的兩情相悅，理應情重於性，而情本身就是一種體貼，一種溫柔，一種感情的醞釀，一種期待的喜悅。儘管時代不同，人還是應該過比較有情趣的生活，男女之間若只有速食文化是很無趣的。

1 由你玩四年？

社會多元化以後，很多父母逐漸接受了這個觀念：孩子不一定非上大學不可，有一技之長，能學一樣自己喜歡的專業就行。但更多的父母還是期待子女——尤其是兒子——能上大學，出國留學。因此高中階段的男孩，一方面忙著試探、接觸異性，一方面也為畢業後走哪條路在傷腦筋。早知道自己性向，並且得到父母支持的就很篤定如何走，而大多數還是擠向升大學之門。

最近教育部訓委會的一項調查結果發現，大一至大四的學生有近半數認為所念的科系與自己的興趣不合。不喜歡就不會認真念，混張文憑再說，個人生命及教育資源的浪費，實在可惜。

大學指考是協助考生在報考前決定志願的科系，而大學不分系招生，是讓考生先讀一兩年再依成績或興趣選系。關於這個制度，先後有李家同和沈君山兩位學者發表過不同的意見，足見也不是完善的制度。

曾聽一位母親很「徬徨」的說，她被這些辦法弄昏了頭，所以兒子跟她商量時她頗為自己拿不出主意而愧惱。其實要升大學的孩子應該有自己的認知了，只是我們的教育一向不重視孩子的興趣，家長也不大和孩子談興趣，只要求考試成績。面臨升大學要選科系時，才茫然無措。

據說（未經調查）現在財經系最熱門，這當然和社會風氣有關。但真是每個人都適合去讀嗎？每個發了財的人都快樂嗎？傳統對男性總要求有錢有勢，娶得美嬌娘，光耀門楣，立足在社會頂端，才是成功。如果自己不了解自己，盲目跟從的結果，不但在校讀得痛苦，未來的人生可能也只是一場浪費而已。因此好好的認識自己，再選擇適合並且喜歡的科系，才能在五花八門的招生資料中不被迷惑或迷失。

「由你玩四年」（university）是對在大學鬼混的學生最好的形容。一進大學，馬上和高中不同，父母的禁令寬鬆了，校規更自由了，男女同學交往更理所當然。各種社團多采多姿，與校外的接觸也多起來。性，不用說更開放，還有炒股票、嗑藥轟趴等等不屬於校園的行為，只要不被校方發現，「崇尚自由」的同學是不會干預的。

但是把學習資源最豐富、學術討論最自由最多元、學習夥伴最投合的大學階段四年玩完，真是生命中最大的浪費與損失。無論男女，有獨立思考能力，知道自己志趣的大學生，在這四年當中很多就為自己的未來成功塑造了一個雛型。

我看到很多例子，父母越是寵愛的男生，越是對自己的未來茫無目的，就越會在大學鬼混。有些女孩的父母讓她們「自生自滅」，反而越知道如何造就自己。有些大學男生在四年當中以交女朋友為主要「課業」，待大學畢業去服兵役，到頭來戀情也變成一場空，結果真是白費青春、身心俱疲。

讀報看到交通大學有一個群英計畫，學生太混就勒令退學，不必浪費國家資源，好！事實上，太混的學生等於停止心智的成長和成熟，畢業後也是個不成熟的男人。「由你玩四年」如果變成「由你奮鬥四年」，結果是大大不同的。

2

男孩變男人

成熟的轉變

很多男孩子到了高中後期和大學初期，會很明顯的成熟起來。他們不再是有強烈叛逆性、愣頭愣腦的蠻小子，也不再是玩心過重、不知天高地厚的傻小子。升學和就業的壓力已經具體的壓在他們身上，尤其因為他們是男孩子。他們開始有了憂患意識，男孩子的前途在父母和社會的價值觀中，通常是比女孩子更重要的。

身體上的變化和發育已漸漸穩定，不再讓他們驚惶失措。對於自己的感情和女孩子的心理也更能掌握，對社會的關注多了一些，社會的種種影響力就相對增加。他知道社會是怎樣衡量男人的分量，他看到男性仍然是社會的掌權者（家庭倒不一定），於是他會下意識地關心自己將來在這個社會中能不能出

人頭地。

但生理上更成熟，也同時帶來更多困擾，很多高中生已開始有性行為，「墮胎潮」有些是青少年造成的。如果他在國中時就讀過《青春達人——國中生性教育自學手冊》或《健康兩性交往學生自學手冊——男女ㄑㄧㄠㄑㄧㄠ板》這類書，可能比較會處理性問題，而這也是走向成熟必經的路途。

這階段中的男孩子和父母的相處比起國中時要和諧多了，他不再莫名其妙的反抗，甚至會哄哄母親讓她高興。對於父親，如果一向親子關係還不錯的，他會與父親用成年人的態度討論問題，他覺得「男人對男人」的方式可以證明自己的成熟。

對於家人和家庭也更關心，雖然不一定幫忙做家務事（那是因為大多數家庭連母親都認為家務事不是兒子的事），但家裡有什麼比較重要的事務，他樂於分

擔或負責。他可能是一個家庭中最高大的、最有力的，自然產生要保護家人的責任心。

不過在一個從小被過分溺愛的男孩子身上，卻不可能看到這些成熟的轉變，他永遠斷不了奶，甚至結婚成家之後也不會成熟，他永遠掛在嘴上的是「媽媽這樣說，媽媽那樣做……」。順便提醒女孩子，如果不是母性強烈，萬一嫁了這樣的男孩子可要有心理準備，因為一輩子要當他的「奶媽」啊！

話說回來，這些成熟的男孩子，讓很多媽媽都有這樣快樂的經驗：國中時氣得差點決裂的母子關係，現在非常契合。一位母親開心的說，現在又重新享受和兒子相處的喜悅了，而且和以前兒子小時候又不同，那是還摻和了接受兒子感情回饋的、更有點成就感的喜悅。想當年兒子讀國中那個階段，簡直是惡夢連連，她不知看了多少有關的書、聽了多少有關的演講，努力處理她和兒子的親子關係。不過從現在的和諧看來，那時的努力沒有白費吧！

當然，人有個別差異，並不是每個男女孩成長的過程都一樣；但通常過了青春期以後，他們的心智一定會更成熟，處理自己和人際之間的種種情緒，也更能周到一點了。

不過，面對未來的壓力是他們新的人生課題。在父母的重要性（思想上的）低於良師益友的這個階段，父母更要把他們當朋友，多談天少管教，就更能享受親子之愛了。

3 傷情難免

比高中階段更進一步的大專階段青年男女，在關係上有了更多的自主和自由。他們有的已經有同居的經驗，和父母同住的大都也不會有太多限制，尤其是對男孩子，在很多人認為「反正男孩子不會吃虧」的觀念下，除了他自己以外，父母已不管（或管不了）他交異性朋友了。

從一些跟男友已有親密關係但發生困擾的女孩子來信中，我發現這階段的男孩和女孩（有性關係以後），已然有「丈夫的雛形」了。譬如：有的是獨佔型的，女朋友與任何異性來往，他不是嚴加禁止，就是拐彎抹角東挑西剔，或是格外用柔情來纏住（這一點在結婚以後就不用了），他要女朋友絕對的、完全的屬於他。

有的是精打細算型的，每一分支出都要清清楚楚，什麼該買什麼不該買都很慎重，女朋友若是恰好相反他會不高興，認為這樣的女人將來不會持家。

有的是大男人型的，雖然活在現代也受過教育，卻一直不改男人就是男人、女人就是女人的傳統觀念。他凡事要做主，女人必須是被保護的，當然也就是要順服的。他將來一定要賺錢養家，而妻子自然應該是賢內助。

有的是依賴型的，如果是和女友同居，他就等著被伺候，甚至出去穿什麼衣服都是女友搭配好，他懶得拿主意。

有的是不重實際型的，有錢就花，有樂就享，女友若是和他討論未來實際的生活，他是不耐煩去傷腦筋的。

每一型都無所謂絕對的好壞，全看和什麼樣的女友搭配。獨佔型配上柔順的女孩，精打細算型配上會過日子的，大男人配上小女人，依賴型配上愛支配的，不重實際型配上今日有酒今日醉的都是好姻緣。結了婚才大嘆丈夫為什麼「變成這個樣子」的女人，實際上都是婚前既不知己也不知彼才造成的。那個人並沒變，只是當初不了解而已。

高中時代的女友很少能繼續到大專，一次大學考試會造成隔離和疏遠，進到大專以後彼此會認識另一批朋友，進入社會的自然又有不同的一幫人。而不管在哪裡，此時的男孩和女孩都用另一種眼光看待自己的成長。因為有了更多的自由和自主交異性朋友，他們也有了更多的機會在異性面前展現自己。而這正是更了解異性的時候，雖然不一定都能找到未來婚姻的伴侶，至少可以慢慢觀察——觀察異性，也觀察自己。

若不結婚便罷，否則婚姻對男人同樣重要，同樣受惠於良好的婚姻，受害於不良婚姻。有些長輩給男孩子的誤導，以為男人的事業重於婚姻，男人只要事業成功，要娶什麼樣的女人不成問題。在女性已自覺、獨立的今天，實在害了不少男人。雖然那些造成女孩心理感情困擾的男性類型沒有絕對的好壞，但要找能與他們配成良緣的女孩已經越來越難了。女孩越來越要求能和她互尊互重、互相照顧扶持、一起承擔生活責任的配偶。

然而還是有些男孩同樣既不知己也不知彼，用父祖的觀點和條件交女友、選配偶，這大都是父母影響的。離婚率高的某些因是種在婚前不是婚後，而男女本身既是受害者，也是痛苦的製造者。

男孩子如果能看清這些環環相扣的愛情、婚姻的關係，在和異性「短兵相接」的交往時，就可以學習互相了解。也要思考到這個階段離婚更近，做丈夫、做父親都不是兒戲，就不會輕率的和女友發生性行為或同居。除非一輩子獨身，否則就不要誤信傳統認定的某些男性的特權和「百無禁忌」。男性也一樣是感情動物，受不了感情傷害的。

男孩變男人

4

相愛容易分手難

青年男女談戀愛是天經地義的自然行為，談戀愛可以學習如何和異性相處，對沒有異性手足或由單親撫育的年輕人而言，更可以從談戀愛中得到許多經驗，有助未來的婚姻生活。

但愛情是個非常不穩定的東西，一方面是雙方大都很年輕，性格及情緒都還不成熟；一方面是戀愛有著五分衝動三分迷糊，因此彼此吸引很容易。尤其在這自由開放的年代，有些輕率、快速、粗糙的交往，根本算不上是戀愛。於是分手常常成了必然的結果。

分手的原因可能是：

- 一時衝動以為愛上對方，結交一段時期後發現不能忍受。
- 和甲交往時碰到更喜歡的乙，希望能「換手」。
- 環境改變，如男生服兵役時發生「兵變」，或一方出國深造，逐漸疏遠。
- 有些父母仍有干涉子女戀愛的權力，尤其是有錢有勢的父母。
- 在職場上女方升遷較快，大男人性格的男方不願意屈居「劣勢」。
- 價值觀相差太大，凡事爭吵，雙方都不願意妥協。

如果雙方都夠成熟，好聚好散，縱然戀愛結束了，還是一段美好的情緣。可這世上偏有一些人把美好變成恐怖殘酷，把分手變成你死我活的大悲劇。只為了對方要分手，可以不顧父母家人的傷慟而結束年輕的生命，這種愚蠢自私輕賤生命的作為不值得同情，只能嘆息他們不幸在精神上生了病。令人不寒而慄的還有挾怨殘害對方，甚至傷害對方的親人或不相干的無辜陌生人。

造成這種極端行為的原因可能是：

• 罹患精神上的疾病，如憂鬱症、躁鬱症或性格違常。
• 自幼封閉、孤僻，憤怒、不滿和委屈難以傾吐，隨時有枚炸彈埋在心底。
• 在性格上遺傳或被教導男人不能失敗的觀念，分手對他而言是奇恥大辱。
• 在極度寵溺的環境下成長，親長有求必應，自己要不到的別人也不能有。
• 分手時受到很大的羞辱，一時怒火攻心，完全失去理智。
• 由於不夠成熟，容易受到損友蠱惑，或暴力影視情節及社會風氣影響。

分手難，難在一方要分，一方不願；難在不知會碰到對方是什麼狀況，有時不能預期。但從因果關係來看，還是有些預防的方法。根本而長遠的當然還是父母對子女人格的塑造，以及正確人生價值觀的培養。可是遠水救不了近火，對年輕正值戀愛中的人來說，最重要的還是：

• 談戀愛時絕不可任憑情愛沖昏頭，要保持幾分理性來觀察對方。尤其是發現對方性格上有幾分可疑的情形時，就要保持距離，以免太近而無退路。

- 不要隨便接受對方的餽贈，付出得越多越不甘心分手。
- 談戀愛時金錢財物要清清楚楚，現在連夫妻財產都分清，何況只是戀人。
- 又分又合，藕斷絲連，結果更糟。反覆幾次下來，對方當然不肯真分手。
- 分手時態度堅定但語言要委婉，尤其是「條件」較好的一方，絕不可輕侮另一方，自卑者的怒火是可怕的。

現在有學者注意到年輕戀人分手可能造成嚴重的問題，認為教育可以指導防範。交通大學就為四年級學生開設一門通識課程「愛情的法律學分」，灌輸學生正確的愛情態度及法律知識，特別是有關於分手時的法律問題。譬如恐嚇對方「敢分手的話就讓你生不如死！」就可能被處兩年以下有期徒刑。明白不理性的言行可能惹禍上身，的確可以讓心存報復的人三思而行。

戀愛也好，同居也好，劈腿也好，結婚也好，都是成年人做的事，分手時就應該用成熟的的態度來處理：好聚好散，讓曾經有過的情緣留下好的回憶。

5

男孩變男人

沉著與堅定

很多到義大利佛羅倫斯旅行過的人，都看過大衛像的複製品或真蹟，那座像看起來怎樣呢？藝評家熊秉明先生描述：「他並非全無疑懼，眉頭鎖著，但身體的每一部分都流露出沉著與堅定，比任何老年人或中年人都更真率的勇往直前。這個飽含著未來的年輕的軀體，準備和一切阻礙、風險作戰鬥的年輕的生命。」

當然，戰勝巨人的大衛是超凡的，而大部分的年輕人確實比中老年人更勇往直前，有準備和一切阻障、風險作戰的決心與勇氣。這一點男性比女性似乎更顯著，因為他們有傳統給的壓力，同時也有傳統給的鼓舞；女性則無論哪方面都比較輕淡，鬥志不強的女性很容易「苟且偷安」，也因此有成就的女性一般更加辛苦，她們得給自己壓力和鼓舞。

一個成長理想的年輕人，在二十歲左右，應該逐漸形成沉著與堅定的氣質，否則成熟的進度不免就落後了些。但這是個安逸的時代，父母尤其呵護著子女不讓稍稍吃苦，結果有些男孩到了這個年齡，應對事情的能力反不及女孩。一個大二的女生有次說：「我實在不是挑剔，但是跟我差不多年齡的男生大多太幼稚了，簡直什麼都不懂，在一起無話可談。我絕不是崇洋，但很多來台灣學中國語文的西方男孩子，就歷練多、見識多，相形之下內涵也豐富多了。」

她說的當然只是一部分的現象，幼稚的洋青年也多得是，不過我們的年輕人在升學掛帥和父母疼愛到無微不至的環境中成長，的確也很難「歷練多、見識多」。最大的挑戰就是升學考試，除非放棄這條路，否則過了「年限」就極難進入大學之門，因此必須「目不斜視，心無旁騖」的直奔升學之道，哪容得年輕人去歷練生活。

然而成長一方面受環境影響，一方面也是個人的「內力」在影響，環境中限制太大時，「內力」強的年輕人會經由思想來成長，促進心智成熟。我嘗建議女孩子選擇異性朋友時，最好淡化外在的、社會上一窩蜂看好的條件，而重視對方思想、心智的成熟度如何，因為這種智慧不會湮沒、消失，同時也是決定能否共處的要素。

一個男人單身的時候「沒有問題」，但結婚以後有不少男人在妻子的眼中「問題一籮筐」（反之有些女人也一樣），為什麼同樣一個人變化這麼大。實際上他們沒有變，只是夠不夠成熟對有距離的旁人影響不大，合則聚不合則散，而父母總是包容的；一旦有了貼身且終日近距離相處的另一半時，所有不成熟的都變成了問題。

沉著與堅定是成熟的重要條件，能沉著表示他對人生有明確的看法，對未來胸有成竹，他也許還不穩定，但不至於走上太離譜的岔路。能堅定表示他深知人生有種種阻障和風險，但他有挑戰的勇氣。相對不成熟的種種，比如：依賴、無主見、從不思考、是非不明、沒勇氣面對現實、擔不起責任等等，在生活中優劣是立見的。

年輕人在成長中有疑懼無妨，人生的未來對還沒走過的人來說，正像大衛要去面對的巨人，是會讓人產生疑懼的，但成熟可以對抗它。

二十歲以後，應該知道如何選擇父母的影響，要加進自己的「內力」，溫室裡待太久，絕對無法適應外在的世界。而沒有人能永遠在溫室裡生活，最起碼戀愛就得踏出溫室啦！

6

成長的契機：服兵役

男孩子比女孩多一個完全不同的成長機會，就是服兵役。儘管有些父母千方百計的幫兒子逃避兵役，但有更多的父母承認男孩當兵以後變得更懂事；而且在大多數家庭對子女寵愛保護的情況下，當兵也是男孩子學習獨立的一個機會。曾聽一位軍官說有些新兵「嬌嫩」得難以想像，甚至連怎樣弄洗澡水都不會。這讓我想到一個讀高中媽媽還幫他洗澡的男孩，婚後如何讓他的妻子「受不了」的真實故事。

當然這都是特殊的例子，更多的時候聽那些服過兵役的男孩子聚在一起大蓋當兵時的種種，幾乎都是快樂的回憶，吃過的苦現在也成了樂事。我有個當兵前有點挑食的兒子，服役幾個月後什麼都吃得津津有味。基本性格也許不能改變，但生活習慣、與人相處的言行，以至有些思想觀念是會改變的。

也有人認為正由於服役時三教九流都有，所以男孩子很多壞習慣言行也是這時學到的。其實成長根本不可能規避負面的事物而只有盡善盡美，因為人生本來就是有黑暗也有光明。真正成熟的人懂得分別黑白，知道如何選擇善摒棄惡。從年輕人吸毒可以看出為什麼會有人受惑有人不會。吸毒的年輕人可能有種種理由：家庭破碎、課業成績低落、沒有按性向輔導他們接受最合適的教育等等，但是從種種最壞的環境中奮發上進的也大有人在。未成年的人並不全然是不成熟的，成年人也未必就是成熟的，一個有「內力」的人比較能成熟。

在軍中服役，那麼多不同的人朝夕相處，一方面接受在家中、學校和社會都沒有的嚴格訓練，對身心是一種考驗，一方面從不同的人身上窺探到人性的多樣面貌。有的還要承受和女朋友分離的憂慮，被嬌慣的立刻沒有了母親的呵護和照顧，以及軍人特有的無條件服從命令等等不同經驗，都逼使一個男孩子成長。

有位男士談起他當兵前後的改變說：「當兵前常常為了母親的嘮叨跟她翻臉，總認為母親個性要強，對子女專制不講理。當兵初時幾乎因受不了被要求絕對服從而當了逃兵，後來卻由磨練而體悟出人生中有時需要如此，軍人不服從，在戰場上必敗無疑。服完兵役後回家已把母親的嘮叨看成愛的叮嚀，竟然母子能愉快和諧的相處。」

沒有思考習慣的人也有渾渾噩噩服了幾年兵役仍然是渾渾噩噩的，除了學會更多的髒話。這樣的人讓人擔心，因為他們拒絕成長，在任何環境都一樣。將來他們在社會上不能適應工作，結了婚也不知如何做丈夫和父親；換句話說，所有他要演的角色都演不好。

服兵役自然不是男孩子唯一的成長環境和機會，不過那的確加速了男孩子的成長。尤其在這樣太平盛世長大的年輕人，年輕的生命中幾乎只有升學考試是磨練，實在太狹窄了。

在軍中這樣純男性的天地裡，男孩子會在不知不覺中感染到屬於男性的寬闊和堅韌，這對他們未來的生活是大有幫助的——只要他不是渾渾噩噩的虛度。但是軍中生活似乎越來越「舒服好過」了，到底是因時代的需要而改變，還是對軍人的要求已變質？男孩服兵役更需要獨立思考、知所選擇了。

第三篇

立業・成家

1

事業・志業

商業英雄

服兵役前求職可能到處碰壁，因為幾乎每種工作求才的條件之一都是「男役畢」。於是一服完兵役，除了早就打定主意出國深造的以外，其餘都摩拳擦掌，準備在各行各業中打拚。男孩們從小就或有形或無形的受到「大丈夫理當功成名就」的使命感驅使，二十多年來所有的準備工作都是盼望日後事業有成，這才有了「男人是事業（工作）的動物」這句名言。但相對的「女人是感情的動物」，誤導了多少男人情感僵化，多少女人情感柔弱。偏偏近年來女人爭平等成果輝煌，於是一時間不能適應的男女就造成無數的問題。

就業也可以說是男性成長的另一個契機，他們受的壓力普遍比女性深重。特別是沒有一技之長、沒有考上熱門科系的，求職經驗就夠折磨他們成長了。

而幸運能一帆風順的人，也拚命求得更大的成功。被稱為「趨勢專家」的詹宏志早在一九八六年所寫的《趨勢索隱》（遠流出版）這本書裡即已觀察到：「在我們的時代裡，英雄的意義變了：他不再是拿破崙、麥克阿瑟之類的戰爭英雄，也恐怕不是孔子、耶穌之屬的精神英雄，而是一種年薪百萬，在困境中創造具體事業、在企業經營中發揮淋漓之氣的商業英雄。」

的確，除了少數追求精神生活重於物質生活，以及性向排斥從商的年輕人以外，很多人嚮往、追求的就是成為「商業英雄」。女性也不落於男性之後，越來越多人以女強人做為成功的榜樣，而所謂的「女強人」就是一種「商業英雌」，很少是其他行業的。不過大多數的年輕女性還是希望有美滿的婚姻，而婚姻對男人的事業只有幫助沒有阻礙，對女人則幾乎相反，所以女人在無法兼得之下，只好捨棄事業，迎接婚姻。

不但年輕的男性追求做個商業英雄，父母的企盼也是如此，替女兒選對象也要對方是個「商業英雄的雛形」，將來女兒才有富貴日子可過。除了政治人物以外，媒體經常也報導這些商業英雄的動態，如王永慶就是很多年輕人崇拜的「經營之神」。廣告中有更多的產品是以年輕的企業家形象人物為主要訴求對象，商人的名詞改為企業家以後，自然更高了一層，據說現在連醫師都趕不上企業家了。

在這樣的趨勢引導之下，年輕男性壓力超過了他們的父祖輩，因為商場的競爭可能大於考場。過去十年寒窗苦讀只要靠自己單打獨鬥的死拚，但商場除了死拚以外還有更多複雜的人、事關係。只要看書店裡指導怎樣創業、怎樣經營的書籍浩瀚壯觀，就可以窺出其中的需求量是大過於升學指導了。

據一位曾經在股票狂飆時日日坐鎮在股票市場裡的女士說：輿論界總是報導「菜籃族」玩股票怎樣怎樣，其實你們不知道那些受過高等教育的年輕男人才厲害。他們知識豐富，頭腦靈活，比大多數女人更果斷，所以他們才是真正的贏家，經常是號子裡女人請教的專家呢！

我聽到大學生玩股票也是男多於女，似乎有不少年輕男性早已為日後做個商業英雄做準備工作了。

成長到二十多歲還不成熟的人，如果也跟隨趨勢追逐商業英雄的腳步，則可能受到挫敗和傷害相當嚴重。他們會徹底的否定自己，自信心蕩然無存。工商業社會裡，患上心理病症的年輕人增多，我相信這可能是原因之一。

這也是傳統給男性要求名就功成壓力的後遺症，到他們成人以後就陸續發作了。因為所謂的英雄就是少數中的少數，拿高薪的人、賺大錢的人也是少數中的少數，怎能要求所有的男人都達到那種程度呢？

事業・志業

2 傳統與志趣

對於那些不崇拜商業英雄的男性來說，他們選擇職業時可能會遭遇不同的障礙。仍然是傳統「男人該如何，女人該如何」的觀念左右著，而在擋不住的男女平等趨勢下，又產生一種微妙的分野：女性如果闖進傳統男性的工作範圍並且有成就的話，會得到讚賞甚或羨慕，以至於加一頂女強人的帽子。但男性如進入傳統女性的工作範圍，就可能受到揶揄、戲謔甚或不屑。其實這也還是「男尊女卑」的遺毒，因為女性學男性是力爭上游，反之就有點「作踐」自己了。

所以學校的家政科系必須改名稱才能招到男生，而護士始終不是男性願意報考的。曾聞有家化妝品公司訓練了一批男性化妝師，但是他們的工作不是像一般女化妝師那樣替顧客做臉，而是站在設計和顧問指導的立場，以維護他們「專業的驕傲」，顯然就是為這些「屈從」於女性傳統行業的男性特別敷上厚厚的面子了。

無論傳統觀念如何，人的性向本就各不相同。有些男孩子在拗不過父母的期盼下，去修習了父母要求的科系，畢業後自己能做主了，就可能從頭再鑽研自己喜歡的東西。有些甚至在工作了幾年以後，放棄掉再做自己喜歡的。他們如果想回到傳統不贊成男性做的行業上，父母當然是首先反對的人，其次也許是女朋友、未婚妻、妻子等等的關係人，自己也可能陷入徬徨與掙扎。

除了傳統要男人「有出息」，立大業賺大錢以外，現實生活上他們覺得工作所得必須夠養家，否則連結婚都不敢談。因為有些女性仍然認為養家是男人的事，這一點實在是女性要求平等中最荒謬的。如果有女人獨力養家，那個丈夫就「衰」透了，短時間還可以，長時間就「不能饒恕」！記得有次報上刊出一位藝人賺錢「養丈夫」的消息，她很坦白的說我喜歡，也心甘情願。這種觀念值得推崇，稱得上是新女性。但絕大多數男人是必須背負養家責任的，不管他的妻子有沒有工作賺錢，他都有這種責任。結果他就很難只重性向、興趣或理想而不重賺錢。

如果堅持重性向、興趣、理想，就得有勇氣反抗父母，得到女友、未婚妻、妻子的支持，而且自己要「理直氣壯」，不被社會輿論、親友批評嚇倒。這樣的男性在成長過程中可能是叛逆性較強的，他們反對傳統，有自己獨特的思想和主張。有意義的是他們成為新男性的比率也較高，因為他們能分辨傳統對男女兩性較不合理的地方。他們更懂得尊重，不認為在廚房燒飯、替孩子餵奶換尿布是丟男人的臉。

這樣的男人也許不會賺大錢（但也有絕對的例外大富的），不過在他自己喜愛的工作中很可能有成就，可是這路是崎嶇的。為國內舞蹈創新紀元的雲門舞集創辦人林懷民，自幼看了電影《紅菱艷》之後就立志做舞蹈家，他卻仍然要為社會男人的傳統而讀到碩士學位，在大學有份教職，才能放心放手鑽研發展自己最愛的舞蹈。然而縱使他目前有這樣了不起的成就，舞蹈界長期以來還是鬧男舞者荒，學舞還是女孩子的天下，直到最近才有改變，男舞者無論人數或成就都大為改觀了。

幼小時備受寵愛的嬌兒成長到某個階段時，在傳統與個人志趣之間的掙扎，有時遠比女性更辛苦。女性如果能看清這一層，才能真正對自己關愛的男性有幫助，也才能真正談到男女實質上的平等。

而成長到成熟的男性，不會自囚於傳統對男人的要求無法自拔，痛苦蹉跎終生，他們有勇氣突破，追求自己的志趣。

3

事業．志業

職場：全新的人際關係

只有少數含著金湯匙出生的大企業家後代，學業一完成就「順理成章」的進入一個為他準備好的位置，不必擔心人際關係，只要不是智障，他就可以安安穩穩的執行任務，絕大多數其他人得經過求職錄取後才能進入職場。這是個完全不同於學校的環境，一加一在這裡不一定等於二，考試成績好不一定得第一名；是不一定等於是，非不一定就是非，黑不一定黑，白不一定白。職場真正考驗的是一個人的ＥＱ分數高低，除了專業以外，ＥＱ常常左右了在職場的成敗。

而事實上，在職場上才能看出一個人是否已成長到成熟。我想引用幾點成熟的定義，原文摘自《一個女人的成熟》（遠流出版）：

- 獨立而不獨斷
- 知所取捨而不混沌盲目
- 勇於認錯也勇於改錯
- 永遠樂於學習新事物
- 尊重自己也尊重別人
- 能分辨是非並有處理問題的智慧和幽默
- 人情練達卻不逢迎媚俗
- 有如大海納江河般的寬深度

這幾點當然也適用於男性，因為成熟是不分男女的。職場上人際關係絕對不單純，就算是在環境比較單純的校園內，只要不是做學生，一定需要成熟的態度來待人處世。有些人專業能力夠，但人際關係很糟，最後不但自己的專業能力不得發揮，而且弄到在職場上待不下去。

就像成長一樣，在職場上，好的人際關係需要逐漸進展。經由觀察、了解、接觸、再進入。不過再複雜的人際關係也還是有原則的，要小聰明，見人說人話、見鬼說鬼話，無誠無信搬弄是非……這些伎倆可能一時得人歡心，但時日一久就人人避之則吉。

在職場上會有意料不到的委屈、冤氣，成熟或不成熟的處理態度結果會不同。成熟的人會先檢討自己，自己如沒錯可以理性商談；行不通時改變自己的態度，因為改變別人很難，尤其對方如是先進、上司等更難，但改變自己可以，特別是關於態度方面的衝突。

如果是業務上的錯誤，絕不能遮掩、拖延，立時承認、改進，否則洞一大就可能陷入難以自拔的坑底，後悔莫及。也不能委過於別人，是非總會水落石出的。

這不過是職場常見的一兩樁情況，事實上人進入職場以後接著面對的人生會越來越複雜。像牽連另一個家庭的婚姻，挑起做父親的重責大任，全都需要成熟的態度來面對。

職場上也是男性可能碰到志同道合夥伴的地方，同事變成終身好友是一種幸福。有的可能脫離現職，另組事業，這都是良好的職場人際關係結的果。常常聽說「做事容易做人難」，做人就是處理人際關係。真正成功的人際關係不是用圓滑的手腕，不是靠花言巧語，而是靠高ＥＱ，靠成熟的性格才能建立。

4

事業・志業

女上司・女同事

自從女人「攻佔」了傳統男人的職業國土以後，男人多了一種人際關係，就是女同事或女上司、女老闆、女部屬。在過去只有同性的國土中，他們或力爭上游或隨波逐流；有得意有失意，和他們共同經歷的只有同性。因此他們熟悉和這些同性相處，鬥爭也好、合作也好，他們了解其中的法則，很多經驗是代代相傳的。傳統中甚至不需要女人的意見，也不屑於跟女人討論男人的工作。只除了極少極少特別睿智的女人，暗中觀察到父兄或丈夫有難題解不開而提供計策幫他們解難，所以她們有很長的時間累積了屬於男性的豐厚經驗。

但是和女性在職業、工作的國土共度的時間卻還很短。女性的角色從他們習慣的祖母、母親、妻子、姐妹、女兒變成了工作上的共事者，這種上上代所沒有的嶄新經驗，必須從頭學習。而學習的進度是因人而異的，快的人會從不習慣到適應良好，慢的人則一直難除心理上的種種障礙。

他們也許是氣憤女人不安份在家主中饋，硬要到社會來與男人爭天下，認為「牝雞司晨」是違反人類生活規範的，完全不承認女人在工作上的成就。也許是對女同事特別忍讓，「好男不跟女鬥」嘛，跟女人計較就不算是男子漢大丈夫。也許是對女性工作夥伴過分呵護，「護花使者」有時不限於男性朋友、情人，男人就應該保護女人，天經地義。

也許是覺得窩囊，在女同事工作能力超越他時，在有個女主管領導他時，他認為自己沒出息，落得被女人爬到頭上的倒楣地步。也許是消極的無可奈何，時代變了，女人越來越「厲害」，男人大半江山已去，又能如何？

總之，他們很難用對同性的心理和態度對待女性。但是職業國土內的女性快速增加，在都會區生活的人自己家庭裡泰半也已出現職業女性，這對適應不良的男性是很難以忍受的。連帶的也影響到他們對自己「管到的女人」的態度，譬如說不讓妻子出外全職工作，妻子如職位和收入都超越過他時，他就難以忍受。告誡女兒女人是婚姻第一，事業無所謂。絕不分擔家事，如果妻子是職業婦女，那她活該，她應該先盡家庭主婦的「天職」等等。

這種男人在工作場所和家庭裡都很難得到快樂，因為他們沒有能力扭轉時代的變遷和趨勢。當然，這些適應不良成熟度不夠的男人，除了受傳統「男人經驗」的影響外，也受了不成熟的女人的影響，因為這些人要求「她的男人」比她強，否則她是看不起的。

要男人從內心真正崇拜有成就的女性，還是個極遙遠的未來。但逐漸的有些成熟的男性，已經能夠很理性的看到女性在工作上的確可以、而且已經頗有成就。在同一個工作場所裡，他們承認某些女性確實能力不輸（或超過）男性，他們願意和女性合作，或接受女性的領導而心中無障礙，他們心平氣和的看女性走向成功。

朋友告訴我，有位男同事一進到全是女性的辦公室就手足無措，就是無法用對男性的態度來對待女性同事的一個有趣的例子。有些青少年在家裡也最怕來了一堆媽媽的朋友，他們會靦腆得手腳都無處可放，舌頭會打結，等他們能自在地面對那些阿姨時也就成熟了。不過，近年來青少年已經受文化刺激的影響，頗有勇氣「面對群眾」了，也許他們成長以後不再有上一代的尷尬心理。因此，未來男性和女同事、女上司、女老闆、女部屬相處，將有可喜的局面。

5

事業．志業

工作狂

「工作狂」或「工作癮」是文明病，「患者」男性多於女性，越是工業、科技文明進步的國家，患這種病的人越多。按理說，這些國家的男人大都已脫離了上帝判的罪：「你要終身辛勞才能生產足夠的糧食……你得汗流滿面才吃得飽」的狀況，但是人和人之間的競爭激烈了，雖然不必在土地上拚命，卻要在另一種環境下拚命才能出人頭地。男人由於傳統功成名就的要求更大，於是更信服「愛拚才會贏」這句話，奉為人生真理。工作不再是為填滿肚皮，而是為了永遠填不滿的種種慾望。

而有工作狂或工作癮的男人，則可能在填塞種種慾望之外，更有某些心理上的理由。有的男人認為忙於工作表示自己的重要性，這和日本男人下了班要到酒館喝到九、十點才回家以示自己是「有辦法的男人」有異曲同工之處，空閒太多是沒出息的，孩子如果做白日夢、發呆都會讓父母教訓一頓。

有的男人只有在工作中方能優游自在，因為他的能力得到發揮，他不需要花腦筋應付自己不太熟悉的事務，其中甚至包括家事、教養子女、和妻子相處。上班是他最愉快的時間，加班也頗有樂趣；若碰上工作中的挑戰，他更是愈戰愈勇，愈加能肯定自己。凡是與工作無關的事情他都不關心，凡是與工作無關的知識他也沒興趣吸收。

工作狂男人多少有點逃避自己不會或不喜歡的事務或環境的心理，或是掙不脫傳統給男性角色定下的「任務」。不成功是羞恥，休閒太多則是罪惡。這當然與他們成長的背景有相當密切的關係。一位男士承認他除了工作就沒有其他的樂趣，從小父母耳提面命的就是男孩子一定要事業有成，有了事業就有了一切。現在他只愛工作，卻不大會愛人，所以跟妻子、兒女相處都並不很和諧快樂。

儘管工作狂女人也隨著女性進入職場人數增加而增加，但大多數妻子對自己丈夫是工作狂卻又得意又氣憤。她們認為丈夫工作越忙越有辦法，但另一方面卻又矛盾的「悔教夫婿覓封侯」。不回家吃飯的丈夫畢竟讓家庭裡變得空虛寂寞，而且很多男人工作應酬中有不少危險的誘惑；然而她們也很難掙脫傳統的觀念，甚至對兒子還會有同樣的要求。

成為工作狂的男人當然不是天生的，他們有時是不由自主一步一步，或者說是被驅趕進去的。他們太相信傳統以及社會所塑造的成功男人形象，而拚命把那個形象套在自己的身上。如果一個男人夠成熟，他就懂得這個形象有多少虛幻的、不盡合理的部分，他會懂得取捨，知道工作不是生命的全部。

工作狂男人（女人也一樣）事實上並沒有餘暇享受他的工作成果，除了名份可以滿足以外，他們沒有空閒度假，沒有空閒和家人溫存，沒有空閒欣賞藝術。更可怕的是一旦年老退休不能工作的時候，生命的貧乏就成了最大的致命傷。

一個男人在成長的過程中必須學習不工作時怎樣生活，他就得先甩掉傳統對男人的要求。培養一些傳統男人不屑的興趣，不是一個硬梆梆的「工作的男人」，有較大的彈性。愛拚也許會贏，但贏了以後如何過日子卻更重要，散文家思果先生在〈成功之後〉中說：「成就越大，後繼更難；後浪推前浪，自己要維持盛名不墜，就足夠辛苦擔心的了。」事實上，男人過度工作是「小飛俠併發症」的一種，他們躲在工作的城堡中，害怕面對城堡外的世界。

積極的人生態度並不等於工作狂，成熟的人自會分辨其中的差異。

6

事業．志業

行行都有狀元郎

我自己不懂也不會創業，但很喜歡看媒體報導一些年輕人創業的小故事，真是印證了「行行出狀元」這句話。這句話雖然人人能上口，但長年來在「立志讀好書、做大事」的傳統觀念下，社會對那些「大事」以外的「行行」，並不給予太高的評價。

今天人們已能接受行行出狀元，對不同行業中傑出的表現鼓勵和讚賞，我想這與很多父母不再認為子女一定要讀某些名校科系有關。以前職校或專科是不得已才去讀的，但慢慢的父母接受了孩子有不同的性向，讀自己喜歡的學科更能有所發揮，有專長比文憑更重要。也就是說父母有了成熟思想，會影響到子女的未來。

這些走自己的路、發揮自己喜好的年輕人，並不在乎是否成為高薪的「商業英雄」。他們孜孜矻矻鑽研自己喜歡的行業，終於做出成績。有趣的是很多男生自創的行業在傳統中是屬於女生的專長，像花藝、縫紉、服裝設計、廚藝等等，有時比女性更有創意。固然有些自己創業的年輕人心高志大，希望將來變成大企業家、商場英雄，但更多的人是樂在其中，因為發明創造本身就充滿了吸引力和樂趣。

多元化的社會培育出多元化的行業，大多數的行業也不再受到歧視。在鄉間種菜種花、開民宿，過去可能是上不了檯面的，現在卻是很多城市人羨慕的對象。過去男舞者是「稀有動物」，現在除了林懷民以外，也有頭角崢嶸的男舞者。過去男性除了有名的服裝設計師，極少拈針拿線的，現在有專教男女縫製襪子娃娃的男老師。

而且一般說來，男性有較多的勇氣去冒險開發（除了那些特別受嬌寵的男性）

，去嘗試新的行業，他們的路子更寬廣。在傳統女性行業不再排斥、社會不再訕笑他們的今天，只要有點子，有計畫，就能創造一種行業。

事實上，有沒有勇氣走自己喜歡的路，也可以看出一個人夠不夠成熟。因為成熟才真正能了解自己，才能不人云亦云，才能獨立思考，才不會盲目追逐社會上種種不合自己志趣、卻被哄抬為「成功」的現象。

傳統對男性要求成功的壓力，事實上也是男性在各行業中成為「狀元」的助力。不管在哪個行業謀生的男性，下意識會要求自己表現得更好或能力發揮到更高。一位髮型設計師曾說，因為女朋友的父母反對他的職業，所以他更要拚命做出好成績，保證給女朋友富裕的生活，才能讓她的父母沒得挑剔。不過真正能從中收穫的，還是自己的潛能得以發揮，而不是受壓力強迫逼榨出來的成功。

但是「狀元」這兩個字仍然充滿了迷思，因為如果只追求狀元，依舊有很多虛榮在內，而虛榮之可怕是一旦得不到，就可能放棄自己，否定一切，自怨自嘆。真正成熟的人會踏實的一步一步走，盡其在我。

很喜歡「只問耕耘，不問收穫」這句話，收穫如何？什麼樣的收穫才能叫做「成功」？自己訂標準就行，不必別人來評定。快樂的人享受的是過程而不是結果，因此不用追求狀元，只要在自己選定那一行中努力耕耘，就是人生的成就。狀元郎不一定是快樂的人。

情字這條路

1 黃金單身漢

有一個比「單身貴族」更有「價值」的名稱叫「黃金單身漢」，這也像服兵役一樣是男子專科，指的是有專長專業，有知名度，有高收入的未婚男性。他們常常引起女性的幻想，奉為戀愛或結婚的偶像。他們有情有愛，但是不願意結婚。他們很會安排自己的生活，並不需要女人照顧。不受傳統男性傳宗接代任務的約束，因為他們已光耀了門楣，所以父母雖然對抱不到孫子而失望，但另一方面也以他們為榮為傲。

很多父母不能接受女兒要事業不要婚姻，但兒子如果有事業而無婚姻，父母只有接受卻不會給太大的壓力。社會上對男女光棍也有不同的評價，和很多父母類似。因此黃金單身漢在這方面的困擾比較少，就更能自由自在地享受生活。至於生物原始本能的性生活，男性當然比女性有更大的活動空間和自由，他們這方面的困擾也比較少。黃金單身漢可以將更多的時間精力放在自己的事業上，不必用來對付傳統和現實的壓力，這是一種很大的吸引力量，也是黃金單身漢日漸增多的主要原因。

同時這也是新時代的新產品，當傳宗接代不再是男人唯一的任務，當撫養家庭不再是對男人唯一的要求以後，很多人可以選擇少負點人生責任的單身生活，更何況男人的單身比女人有更多的方便和輕鬆自如。

儘管有不少人選擇單身，但這不一定是「終身職」。曾聽有位男士談到他選擇單身的過程：起先也和大多數人一樣談戀愛，計畫結婚生孩子，但經歷過幾次結不成婚的戀愛以後，隨著年齡和生活歷練的增加，發現不結婚也可以過得很好，結婚的念頭就逐漸淡了。而且年齡越大越不願為了情愛而委屈求全，不過他表示也不一定終身不婚，只是更加隨緣了。

這一點也是男性比較佔優勢的，他們沒有所謂的「適婚年齡」，正像一般人公認的，男人只要「有辦法」，何患無妻！如果他們成了黃金單身漢，就更可能延遲結婚年齡，因為年齡不是嚴重的結婚障礙。

然而單身生活要過得好，卻也需要心理夠成熟才行，尤其是自己選擇單身，不是被某些原因逼成單身的人。他們知道自己為什麼這樣選擇，也深知單身生活的優點和缺點，同時並不拿黃金單身漢做為一種炫耀，除了處理生活問題，更會處理感情問題。否則就是一個逃避人生繁重責任的退縮者，雖然事業上有成，卻不一定活得踏實而快樂。有些害怕婚姻的男性，表面上是個逍遙的單身漢，但並不是真正瀟灑自在的單身漢，這兩者之間是有差別的。

可是在某些媒體大肆報導那些黃金單身漢的誘人之處時，很容易誤導心智還不夠成熟的年輕男性，以為男性真的可以不在乎一切、不顧一切的只享受生活，只要全力以赴的求取金錢名位，就能得到快樂。這個社會雖然給了男性較多的優待，但人生本質上依然是公平的，無論男女付出的和得到的不可能差距太大。盲目追隨別人、沒有自己主見的人，只會落得追趕的辛苦而得不到同樣的收穫，「畫虎不成反類犬」是一些人最後精神崩潰的原因。

單身者當然不都是金光閃閃的，至於只有工作而沒有「生活」的科技新貴黃金單身漢，近來更成了詐騙集團眼中的肥羊，連警方都不了解為什麼這些高級知份識子如此單純閉塞，如此容易受騙。黃金單身漢也許應該多了解人生的複雜面吧，尤其是情字這條路。

情字這條路

2 婚姻生活

法國著名的傳記作家安德烈・莫洛亞（Andre Maurois）在一九三九年出版的《生活之藝術》（*The Art of Living*）一書中〈結婚的藝術〉這章裡，先舉出幾位名人（男性）反對結婚的論調：

・詩人雪萊（Percy Bysshe Shelley）：愛情置於約束之下必會消滅，放縱的情感衝動是不能由法律來管束的。

・大文豪羅曼・羅蘭（Romain Rolland）：一個已婚的男子只不過是半個人。

・英國小說家吉卜林（Rudyard Kipling）描述一個驃悍的騎兵隊長，結婚以後總想到要為妻兒保全自己的性命，立刻從英勇戰士一變而為怯懦的軍官。

・法國政治家白理安（Aristide Briand）主張政治家絕不應該結婚，如此身邊

才沒有野心而嫉妒的妻子總向他提起同僚某人的成就，或別人對他難聽的批評，「這是那些獨身者特有的力量」。

但人類歷經幾千年來的生活，結婚的仍然是大多數，也因此莫洛亞把「結婚的藝術」列在「生活之藝術」中，對於大多數還是選擇（或不得不）結婚的男女是有點幫助的，儘管我並不完全同意他的觀點。而除了他以外，還有更多的心理學家、社會學家寫了更多有關婚姻的著作，大學裡甚至還有開婚姻的課程，社會上有不少婚姻諮商機構。顯然婚姻生活是人類生活的主幹。

結婚當然是男女共同的事，有相等的權利與義務，男女理應對結婚有同等分量的重視。但有個奇怪的現象是：在「夫妻相拜，送入洞房」以後，很多男人鬆了口氣，定下心來，覺得婚已結了，從此以後就要專注於發展自己的事業；至於怎樣和配偶相處，怎樣維持這個婚姻，以及以後怎樣面對子女的出生和教養子女，那就應該是「女人的事」了。所以社會上有關這類問題的演講，聽眾永遠是女多於男，這一類書籍的讀者也永遠是女多於男。因此結婚和生育子女常會讓很多女人更加成熟，男人卻不一定，這是因為男人對婚姻投入的較少。

另一方面還由於男人從父親那裡模仿到男人對婚姻的態度。幸好近年來經由男女雙方的自覺，已經有些男性領悟到自己對婚姻的成敗，是和妻子有等量責任的。他必須投入婚姻才能擁有婚姻，正像莫洛亞說的：「結婚生活並不是一些立刻可以都完成的事情，它需要不斷地再完成。」

至於那些執著於「維持婚姻就像負責做家事一樣是女人的責任」的男人，其實不能全怪他們，因為那是代代相傳，有時甚至是他們的母親傳授他們的。那些大男人主義的父親做了榜樣，並且有母親支持，她們痛苦或委屈地承受丈夫的對待，兒子看在眼中，也許會為母親抱不平，日後成為懂得公平並且尊重對待女性的新男性；但有的覺得理所當然，於是對日後的配偶如法炮製。可是沒想到他們生活的環境和父親已然不同了，女性不再接受與母親同樣的待遇，她們受更高的教育，有謀生的能力，以及和男性齊平的人權，所以大男人主義的男人在婚姻中的快樂越來越少。他們逃不脫傳統觀念的囚束，受禁於「男人要如何如何，不可如何如何」，而他們的配偶竟不吃這一套。

相對的，接受時代趨勢的新男性會在婚姻生活中成長，更成熟、更愉快的把傳統男性角色轉變為現代的。他不會既選擇了婚姻，又像蕭伯納（Bernard Shaw）說的「不甘心忍受」，也不會覺得自己像羅曼・羅蘭說的「只不過是半個人」；他既能享受婚姻的權利，也盡對婚姻的義務。

一個成熟的男性事實上就是一個新男性，無論他結不結婚，他都懂得男女間角色轉變的趨勢，以及男女有同樣的人權，應該互相尊重！他不一定有絕對美滿的婚姻，因為有一半責任在配偶，但他知道婚姻是怎麼回事。

3

同居

一位朋友說：我反對同居，因為一旦分手，女性一定吃虧，一無所有甚至人財兩失。

在大多數的情況下，這是一個事實。同居沒有婚姻契約的法律保障，分手就是分手，除了屬於自己的東西以外，連一片布也帶不走。固然也少了離婚的麻煩，只像是搬個家，因此有些年輕人選擇同居而不結婚。不過同居總是因為兩人有情，情是很難分得清楚、斷得乾淨的。其中的牽扯，有時比離婚更麻煩。如果又在同居期間有了孩子，孩子在父母沒有婚姻關係的情況下，大多數是依母親。母親若沒有足夠的經濟能力，獨立撫養是一個沉重的負擔，對孩子是絕對不公平的。

現在有些年輕的在學生或社會的新鮮人，為了生活方便而同居。他們不一定打算未來要結成夫妻，對彼此也沒有什麼要求和約束，共同生活中「性」多於「情」。這樣的「室友」合則同住，不合則分開。他們認為同居生活可以分攤房租及水電費，多少也有些互相照顧的好處。乍聽起來這種安排真是理想愜意，但人不是那麼單純的動物，很可能有天變成「生命中不可承受之輕」，就不是當初想像或計畫得那麼輕鬆自在了。譬如一方動了真情而一方只是遊戲人間，或女方不小心懷孕，兩人對處理孩子的意願不一致，到後來極可能就是你死我活了！

同居不是法律問題，而是人性問題，所以更不能輕率，因為法律問題有時候還比人性問題好解決。年輕而不夠成熟的人並不適合隨便同居。

有人把同居當成試婚，處得好就結婚，否則分手。有趣的是同居或試婚都不等同於結婚，那一紙婚約對某些人竟有十分奇妙的影響力。曾有一對同居試婚的年輕人，在未結婚以前，男的表現得像個「新男性」，不但做大部分的家事，也延續談戀愛時的貼心；女的也很投合男伴，因此相處甜蜜而融洽。

結婚，當然是必然的結果，雙方都相信這段婚姻定能白頭偕老。結婚不到兩年，先是丈夫覺得家事煩人，為什麼他要做那麼多！而結婚後就不必談戀愛了，他成了一般的丈夫不是愛人，妻子也成了一般妻子不是情人，語言態度都不像試婚時，竟弄到離婚。因此試婚和不試婚一樣，恐怕都不能保證婚姻好不好。事實上婚姻好不好決定於兩人的性格，有沒有共同的價值觀，以及兩人有沒有心來維護婚姻。這是長久的耕耘，不是階段性任務。很多人把婚前和婚後看成不同的責任，所以一紙婚姻證書就決定了不同的態度和心理。

事實上兩個成熟的人的確可以愉快和諧的同居。有一對同居幾近二十多年的伴侶，談到他們共同生活的原則：一定要互相尊重，一定要自愛，一定要讓對方自由，一定要跟對方談心，一定要有透明的財務，於是他們很滿意同居關係。另一個重要的原因是他們都同意不生育，只捐助和認養貧童。由於同居沒有婚姻在法律上的保障，更是只有成熟的人才能處理好兩人的關係。

不婚生子現在越來越多，尤其是有能力養育孩子的女性的另一種選擇。但從孩子的角度來看，母親是否有權利把他生在一個社會還沒普遍接受的、和絕大多數孩子不一樣的環境？他若遭受排擠、嘲弄，影響心理人格發展，是誰的責任？因此打算長久同居的男女，應該慎重考慮到孩子的問題。

若是人生進入老年，在失婚或喪偶以後，碰到情投意合的異性，談再婚常遭到子女反對。有位男士說他很幸運，遇到一位願意和他同居的女友，兩人經濟獨立，共同分擔生活費用。兩人是同居的情侶，也是知己的朋友，沒有婚姻的約束，卻有互相照顧的溫暖。這樣的同居，當然是一種美好的生活。

哥兒們

少年和青年時代，男孩會交一些難兄難弟的朋友，一起去冒險叛逆做些令人興奮的事。這些朋友隨著年齡的增長、環境的改變，可能從此以後成了「陌生的熟人」；但也有一些雖歷經歲月友情卻不變，交女朋友時會互相「切磋」，貢獻「必勝」的點子，直到結婚生子都互相照顧。這些哥兒們的情誼是男性生命中最可貴的珍寶，有時勝過女性們的友情，因為男性會有一種為朋友兩肋插刀的豪情，還有點愛面子的好勝心。

成長以後如果碰上志同道合的同學或同事，也會結成哥兒們。只要彼此間沒有利害關係，哥兒們當中會自然出現一個首腦，大家會敬愛他、佩服他、跟從他，有形無形的以他為主。不會像女性相對的嫉妒比較聰明、漂亮、有能力的同性，也因此男性的哥兒們可以結成事業夥伴，同甘共苦。跟哥兒們相處相知相惜的快樂，有時勝過和家裡「那個女人」的相處。我常接到女性讀者的來信，抱怨丈夫跟朋友談笑風生，但回到家就「惜言如金」。除了談戀愛的階段，大多數男性並不是異性相吸，就算相吸也只重性，比較少像臭味相投的同性那樣有知己知彼被了解的吸引力。

正因為哥兒們這種特性，黑幫、黑道也就形成了。大哥交代的，拚了命也要做到，而大哥也會照顧自家兄弟。自古以來就有什麼「義結金蘭」「歃血為盟」等等雖也有正面意義，卻也有幫派內涵的行為。

張三李四只要一句「咱們哥兒們」，就表示情誼深厚，放心，沒問題，包在我身上，一切有我……。哥兒們互相取暖，人生的路上才不會「千山我獨行」。但最後會走向哪條路，就要看各人成熟的智慧如何而決定了。

哥兒們是男性特有的人際關係，但開始與固定的異性交往以後，就要慎重處理這種人際關係。年輕男性「把妹」的時候，哥兒們會出很多「餿主意」，如果過分聽信他們的意見而沒有自己的主見，就可能「遇人不淑」，或錯失佳人（特別是有內涵的女性）。

至於結婚以後，有些男性因為太重視太依賴哥兒們，往往忽略自己的其他角色——丈夫或父親。哥兒們的事情擺在第一，擔心會被認為不夠義氣就全力以赴，有時甚至忘了要量力而為。有位妻子抱怨丈夫常常為了哥兒們要週轉錢財，竟無視家計，她只要不同意，丈夫就怪她小氣，不通人情，還舉出一堆古代的賢妻如何把自己的首飾典當、買酒招待朋友的例子。她擔心有了孩子以後，丈夫繼續「重友輕家」的話，要怎樣養育孩子。

任何人際關係，都需要以成熟的態度處理才行。一個成年男性如果過度以哥兒們為重，沒有哥兒們就不能獨立，那也顯現出不夠成熟，同樣是一種「小飛俠併發症」。青少年時的「小飛俠」大都是父母過於寵愛，成年後有些人依然不能成長成熟，除了「病根」太深以外，自己從來不修練也是主因。把自己交給哥兒們最簡單，最不用費心，日子比較好過。

結成哥兒們以後，就是一個小團體，會有群眾心理，團結合作，卻也盲從衝動。可以成事，但也能敗事。如果哥兒們當中帶頭的人是成熟的，大家會做成熟的事，否則就可能危害別人，危害社會。觀察一個男人是否成熟，從他的哥兒們是哪類人就能了解。物以類聚，人則臭味相投結成伴。

哥兒們之間的情誼也是男性特有的，有很多男性的特質在其中：愛面子、講義氣、能合作。這情誼是比愛情還持久的。不過這種特質正像一刃的兩面，如何掌握，就看成熟度如何了。

5

情字這條路

紅粉知己

曾經有位女性讀者問我，丈夫的紅粉知己算不算是他的情人？因為她認定丈夫是外遇，而丈夫則說那只是紅粉知己，不是情人。哇！這身分的辯證可真難，當事人對分寸的拿捏就是對自己成熟度的考驗。

但我相信是有紅粉知己存在的。因為就算在婚前很談得來的夫妻，歷經婚姻現實生活的「洗刷」，談話內容也就剩下了奶瓶尿布、柴米油鹽。男女都成了最實際的生活者，可能從無話不談變無話可說，夫妻只是盡義務而已。如果在某個場合認識了一位女性，彼此有共同的話題、共同的興趣，或只是很了解這位男性，得趣、常識豐富，相處下來就可能成為紅粉知己。而兩人之間又真正的「發乎情，止乎禮」，那才算是紅粉知己，不是情人。像胡適先生和美國的薇蓮絲（Edith Clifford Williams）女士可以說是最好的例子，兩人維持了半世紀的情誼卻從未踰矩。

也正因為紅粉知己的標杆過高，真正能做到的不多，尤其對感情粗糙的現代人來說更不容易。不過我一直鼓勵年輕的男女不必過早談戀愛，卻應該交異性朋友。男女不同的特質、不同的興趣，可以藉由交朋友豐富自己，但年輕人卻往往忙著嘗禁果。

最近立法委員要提案在優生保健法中增列「守貞條文」，引起不同的討論。因為婚前守貞不等同於婚姻幸福，立法更不能讓年輕人守貞。如果青少年男女用健康的心理交異性朋友，從家長到學校老師用健康開放的態度來輔導，滿足他們交異性朋友的好奇心，也許性的吸引力就不那麼強烈了。

至於婚後的異性朋友，怎樣能維持不從朋友變情人，那的確要有成熟的智慧，因為情也像逆水行舟——不進則退。尤其是談得來的異性，在單獨相處很方便的現代環境，要不踰矩，得有多大的定力才行呀！曾在國家地理頻道看過一個《瘋狂科學實驗》節目：一組年輕男性共分十元硬幣，兩人一對，要怎麼分？當然是一人五元才公平。能不能有人多一元？不行，兩人都覺得不公平。接著讓他們每人拿一件女性胸罩，允許他們撫摸胸罩一陣子之後，再對分十元硬幣，結果大多數人都不在乎了，有人只分得一元也不抗議。足證孔老夫子真偉大，他早就說過「食色性也」，自然反應嘛！

所以不怪妻子絕不相信丈夫有什麼紅粉知己，情人就是情人，外遇就是外遇。有人說紅粉知己如果限於某些情況不能和那男人結合，就是精神外遇，仍舊幾乎沒有妻子可以接受。

所以紅粉知己是很難存在於婚姻中的，除非這對男女真的止乎禮，除非妻子永遠不知情。而單身不觸及婚姻的知己，能維持終身的情誼，像影星凱薩琳

・赫本（Katharine Hepburn）和史賓賽・屈塞（Spencer Tracy），像寫《第二性》（*Le deuxieme sexe*）的法國女權倡導者西蒙・波娃（Simone de Beauvoir）和存在主義哲學家沙特（Jean-Paul Sartre），算是少數廣為人知的例子。

要紅粉知己，雙方都需要成熟的智慧。

情字這條路

6 同性戀

儘管社會上對同性戀「另有看法」，但一般人對男同性戀的寬容度仍然高於女同性戀。

目前科學家研究的結果是：同性戀大部分是基因在左右，所以同性戀是天生的。基於這樣的結論，很多父母親也就接受了同性戀的子女（但對女兒的性向仍比對兒子不容易）。社會上在同性戀者爭取權益的努力下，也漸漸認同了，甚至接受同性戀的婚姻。不過在很多地區，他們的生存空間（精神上的）還是相當受限制的。

同性戀的男性敏感、藝術才情高、聰慧、領悟力強，而且並不都是娘娘腔。

有人說就因為他們太優秀了，所以不需要女人。這雖是玩笑，不過在很多大畫家、大音樂家、大文學家中的確不乏同性戀者。他們傑出的成就，讓人們感動、敬仰，不在乎他們的性向。今天人們迷戀達文西（Leonardo da Vinci）的《蒙娜麗莎》（*Mona Lisa*），不在乎他畫室裡總是有俊男學徒和模特兒，也不在乎一個跟隨身邊三十年的男弟子可能是他的伴侶，當然更不在乎他是不是同性戀。

同性戀男性比起一般刻板傳統性格的男性更溫暖、柔軟，同情心較強。心理學家研究發現，同性戀者組成的家庭在照顧家庭及做家事上更能分工合作，有些同性戀者能同居幾十年，親如家人。

但讓社會不能接受的是，很多同性戀者只追逐性而不重情的濫交。儘管大家知道愛滋病並不全是同性戀造成，可是雜亂的性交仍然是主要的原因。尤其集體「轟趴」式雜交，更讓人不能接受，污名化了同性戀。

另有一種明知自己是同性戀，卻在家庭或社會的壓力下結婚生子，造成另一個家庭和一個女人的不幸，很是要不得。

曾有一位女讀者來信訴說，她發現丈夫外遇的對象是一名男士，那種震驚比丈夫有了女性情人更甚十倍。覺得自己被當成白痴耍弄，丈夫更坦白說是為了父母親要求傳宗接代而結婚，因為他是獨子。所以她是個被利用的白痴。她說寧願丈夫外遇的是女人，她如何跟一個男人爭丈夫？如何跟一個男人比高低？而且她聽一位心理學家說，這樣的男人絕對不可能回頭，愛男人是他的基因，不是一般的變心。

有些青少年發現自己「可能」是同性戀時，會張惶失措，特別是當他聽到對同性戀的評論大部分都是負面的。他會交女朋友來證明自己不是同性戀，絕大多數根本不敢告訴父母，他們知道會有什麼樣的後果。隨著成長，總有一天他「確實」知道自己是同性戀時反而會安下心來。如果他有成就，社會就接納他，歡迎他。

同性戀的男性比刻板性格的男性有較多的朋友，男女朋友都有。他們比較會向朋友吐露心事，也比較會關懷朋友。

性別傾向已不像在傳統社會，被視為絕對的禁忌，所以如果是同性戀，社會能不能接納，還是與自己的言行是不是成熟，有沒有發揮自己的能力，有沒有危害社會、傷害別人等等有關。

第四篇

人夫・人父・人子

乖丈夫

很多男性在婚後由於不曾想到要小心維護婚姻，往往更放心的展現自己的本色。不必慎重揣摩上司心理、不必提高警覺和同事競爭，也不必注意員工之間的變化等等，因此他在家裡常常會「回到過去」。過去父母親把他養成的性格在婚姻裡一一重現，而他卻不能了解同樣是女性的妻子，為什麼不能像母親一樣接受他。

如果他的父母沒有培養他獨立的能力，儘管在工作上已是獨當一面的人物，婚後他依然是處處要人照顧的大孩子。有位覺得「已經倦於照顧丈夫」的妻子訴苦說，她的丈夫是六個姐妹中唯一的男孩，又是么兒，所以從小幾乎從不需要為照顧自己而操心。他讀書成績不錯，父母更加寵愛。在生活上多的是服侍他的「僕人」，除了父親以外，母親和六姐妹都是，而且母親還是這小組僕人的「領班」。

她認識他的時候，他是一位小主管，她從沒想過以後生活會有什麼嚴重的衝突，大致上認為他是「可嫁之人」後就結婚了。蜜月過後丈夫開始上班，早上喊他起床就成了她的日課第一節，然後就像一般主婦一樣做、吃早餐，送他出門。在新婚的甜蜜期裡這是甜蜜的事，但她偶有沉睡過頭沒喊他時，他居然會遲到，會發脾氣，並且抱怨婚前住自己家時從來沒有過。於是這成了她的責任，當然就一點不甜蜜了，她要他自己定鬧鐘他不願意，遲到就是她的責任。至於日常生活，從盛飯至放洗澡水，都得她伺候。理由是以前他在自己家的時候，這些事都是有人做的，更何況他賺錢都交給妻子，而她又是不上班的純主婦，理應伺候工作賺錢的丈夫。

有了兩個孩子以後，她為三份「責任」精疲力竭，不但盼望不到丈夫幫忙照顧孩子，而且照顧丈夫的責任也不能卸下。她說自己是個重視婚姻的女人，深怕一旦不盡責任，婚姻就破碎了。但她卻享受不到半點被照顧的溫暖，生活累得毫無樂趣，有時覺得更累的不是身體而是心情，因為她發現在生活上盡要別人照顧的人，也不懂得關懷別人的情緒。

可能就是擔心婚姻會不會破碎這一點男女有別，小心維護婚姻的女性讓很多女性成熟。男性呢？他們不會，他們太放心了，直到有一天妻子承受不了提出分手時，他們還不懂為什麼，尤其是不曾有外遇、經常回家吃晚飯、薪水交給妻子的「乖丈夫」。

乖丈夫和乖兒子是兩回事，因為母親和妻子也是兩回事。有不少母親兒子越要她照顧越能滿足她的母愛，她毫不覺勞累。她在感情上得到的回報，往往就是兒子在她的照顧下生活得更舒服。但妻子是需要丈夫關愛的女人，她喜歡被一個男人呵護，有時還能對他撒撒嬌。丈夫不在身邊她能提的、能做的種種，丈夫在身邊時她可以「提不動」「做不好」而有丈夫分擔。她的愛和丈夫是平行的，畢竟她不是丈夫的另一個母親。

在獨立女性日漸增多的這個時代，乖兒子做了乖丈夫以後，往往因適應不良而痛苦。他們甚至會感到被妻子冷落，會因拙於應付日常生活而挫折怨尤，進而影響到他工作的成績，他們歸咎於「有後顧之憂」才不能專心事業。

但有些有自省力的男性卻能經由婚姻，經由和另一個女人共同生活，擺脫母親乖兒子的框框，學習怎樣做更成熟的人。他們是妻子的好伴侶，也會是孩子的好父親，享受這些角色帶來的快樂。

2

妻與夫

沉默的丈夫

在一個過分嘮叨的母親教養下長大的男人，可能成為一個封閉自己的沉默寡言的丈夫。若他的父親也一向用這種態度面對他母親的嘮叨，他就很難走出另一種模式的性格來。但他對朋友也許卻是健談的人，只是對和自己有親密關係的女人才如此。

男人在家話不多，有很多漫畫、戲劇用畫面表現的是：早餐用報紙擋住臉，對妻子的話哼哼哈哈、嗯嗯啊啊的敷衍，或妻子在他面前展示新裝、新髮型時視而不見，這算是「常態」。但有些妻子抱怨丈夫在家絕大部分時間不發一語，沉默到讓人心寒的程度，對外人卻又不是這樣的。曾有心理學者認為童年母親的嘮叨，讓這種男人在下意識裡產生要逃避女人的心理，以免惹上另一個女人的嘮叨。

然而他們和妻子又需要發生親密關係，結果有些妻子很痛苦地承受只有直接性而無溫柔體貼的愛的夫婦生活。有位妻子說婚前以為封閉的人比較性格，沒想到婚後才發現他除了要行房才摟抱她，平時連牽牽手、說幾句親熱的話都沒有。她覺自己簡直像個妓女（還是免費的），完全感覺不出丈夫是不是愛她。這種婚姻她早晚會甩掉的，而丈夫卻完全不能理解她為什麼要離婚。

性格當然左右了人的行為，外向內向各有不同，但是人的很多觀念和行為一定是從小學習或受影響而來的。如果從小母親過分嘮叨，的確會讓全家人都沒講話的機會；不過一些傳統男性角色的刻板形象，也讓某些男孩以為「男人就不該多嘴多舌」，於是封閉了感情的表達。

除了母親過分嘮叨、父親過分沉默會影響某些男孩子的性格以外，回顧他們成長的過程會發現，他們學習與人相處的機會也比女孩子少。就是玩扮家家酒時，他們演出的也常是被母親照顧的父親，或被老師教導的學生，或應該聽話的小寶寶等（大一點的男孩不屑於玩家家酒，小一點的男孩則常受女孩的指派下場演這類的角色）；更多的男孩子玩的是官兵捉強盜這一類只有競爭，卻沒有與人相處溝通內容的遊戲。

他們循著這個規範長大，不可能因結婚就完全改變。他們甚至會擔心溫柔體貼有損男子氣概，話多則更像個娘兒們，如此就沒有父親的尊嚴和權威。所以硬要說他們不愛妻子、不愛孩子他們會認為很冤枉，他們只是「像個男人應該有的樣子」而已。更何況結婚表示一個人長大了，長大了的男人當然更應該有個「樣子」。

也因此，妻子越是嘮叨他就越會逃避到沉默裡，一方面母親的陰影會更加擴大，一方面「好男不跟女鬥」嘛！還有他關心的不是妻子的髮型服飾，（男人怎麼能這樣瑣碎？）愛情不必掛在嘴上，（女人都這麼無聊！）柴米油鹽、孩子的功課都應該是「賢內助」掌理的業務呀！於是生活裡剩下來可談的話題真的就不多了，能怪他們沉默嗎？

但跟同事有公事可談，跟朋友有男人的共同話題可談，在某些男人心中，在家和在外有不同的態度是天經地義的，所以他們也不懂妻子為什麼要抱怨。

不過這一類型的男人也較難得到感情的回饋，縱然是親人之間，感情也需要交流。不知道丈夫是不是愛她的妻子，如何能總是片面的示愛？不敢和母親摟抱的孩子，自然也不敢把自己的感情透露給父親了。

成長，絕不是單純的「被養大」而已，父母的觀念、言行，社會的價值觀，個人的自省力等等，都是左右的力量。母親的過度嘮叨只是其中的一部分而已。

3

妻與夫

外遇的丈夫

不論中外，人類的性行為越來越年輕化了。儘管成年人憂心，專家提出種種不贊成的理論，但這現象卻是無人能阻擋的洪流。過早的性行為和婚後外遇有沒有關聯，我還沒看見什麼研究報告，不過有很多研究證實男人真的「用下半身思考」。結婚雖然讓他們有了合法的性對象，但潛意識裡他們不會反對有多於一個的性對象。

大部分外遇的丈夫是為性而不是為情，因此通常也不輕言離婚。雖然他們對外遇的情人口口聲聲說跟太太感情不好，太太不了解他，他的婚姻多麼痛苦，可是他這「痛苦的」婚姻竟然能維持終身。

外遇的丈夫大約有幾種型：

一是逢場作戲，沒有特定的對象，也不認真、不持續。很多妻子對這類外遇丈夫倒不擔心，用「哪有貓兒不貪腥」來看待。

一是外遇上癮，每一段都認真，但不斷換對象。有些妻子選擇離婚，有些則冷眼旁觀，總有一天等到你老了自動回家。這樣的妻子通常有自己的寄託，子女或事業，丈夫不是她的生活重心。

一是動了真情，但可能對方仍有婚姻，可能自己為了某種理由也不能離婚。有些會維持幾十年，和外遇對象甚至生了兒女妻子還不知道。這是否顯示婚姻確實有了問題？夫妻互不關心？或對妻子也有真情而不想傷害？

有人為外遇辯護，說一夫一妻的婚姻制度本來不合人性（卻對女性有另一套標

準）。有人認為對已有問題的婚姻，外遇反而有強化修補的作用，因為外遇的一方由於罪惡感而愧咎，轉而對配偶更體貼，也更努力維護婚姻。

不過隨著女性經濟能力的增強，現代的妻子大都不再委屈求全。一位女性讀者曾告訴我，從小就活在父親不斷外遇的陰影下，她還曾陪著母親去「抓猴」，結果招來父親一頓巴掌。她先是發誓不結婚，後來還是走上婚姻這條路，總以為自己不會重蹈母親覆轍，沒想到丈夫也是另外一個父親。她知道後當下立刻決定離婚，帶著三歲的女兒獨自生活。

她很沉痛的問：天下有沒有不外遇的男人？當然有囉。

另外，女性有了經濟能力和更多與異性交遊的機會也會外遇，百分之九十的丈夫不能接受，大都是離婚收場。除非有金錢利害等關係，而忍氣吞聲的丈夫也用另尋芳草來安慰自己，據說有些倒也能相安無事。

性行為提前到十幾歲或性關係雜亂，到底與婚後的外遇行為有沒有關聯雖還沒定論，不過如果年輕時就不在乎男女之間的性，是否結婚後也不看重夫妻之間的情？或是男性真的不能滿足於一夫一妻的婚姻？

若出於真情，是否能做到不傷害到配偶呢？近來媒體報導，有些國家領導級的男性，也鬧出外遇緋聞。最奇怪的是很多妻子在丈夫傳出緋聞時，會出面「力挺丈夫的清白」。如果是無權無錢的丈夫，不知妻子會不會力挺？但這也說明，男性外遇恐怕是社會和某些女性放縱的結果！

4

妻與夫

暴力的丈夫

暴力會遺傳，在暴力的父親陰影下長大的男孩，有的會對暴力深痛惡絕，時時刻刻警惕自己。一位男士在做了父親以後，還常從惡夢中驚醒。夢中重演父親用棒子把母親打得躲進衣櫥裡，而瘦小的他也拿根棍子要打父親，卻總是打不到，終於氣極而醒。醒來後總禁不住要去看看熟睡的小女兒，慶幸自己不像父親。他在母親過世以後，就和父親斷了音訊。

有的卻在潛意識裡承續了父親的暴力。特別是在遭受挫折、情緒不好或三杯下肚後，就用暴力來發洩，而最「方便」的對象當然就是身邊的配偶和兒女。因為很多家庭中的父親還是有權威的一家之主，家人不敢反抗他的暴力。

暴力的丈夫外表並不都是流氓或暴徒型的。有位紳士型的男士，彬彬有禮，且是受人尊敬的大學教授，直到過世之後他的妻子才向好友透露，三十年的婚姻當中，她不斷被毆打。「聰明」的丈夫只打她身體，從不打頭臉，所以外人不知道，也看不出來。一兒一女小時候一看見父親打母親，就躲在床底下。長大後兒子出國不再回來，出嫁的女兒只敢找機會趁父親不在，接媽媽出去散心。

社會新聞中時見有孩子受不了母親被父親毆打，憤而殺父的。可見這些孩子激憤的心情是何等強烈。

心理學者研究認為雄性動物，包括人類，天生喜歡暴力、攻擊性的行為。但家庭暴力又不同於那些打鬥、爭取雌性青睞或球場競技場上的比勝負。

暴力的丈夫除了繼承或學習父親的暴力以外，有些是小時候太受嬌寵，要什麼有什麼，說什麼是什麼，要不到或說了別人不聽、反對，他就或暴跳如雷，或打滾撒賴，大人們就心肝寶貝似的加倍給予。如果他沒能自己修練到成熟，縱然結婚生子，心理上還是脫不了霸道，受到反對或挫折，就用暴力對待。

另一種是妻子的忍讓、縱容造成的。很多家暴的妻子為了家醜不外揚（和隱忍丈夫的外遇一樣），接受了丈夫第一次的暴力。在第一次以後，幾乎都會有第二、第三……次，才會有持續幾十年的家暴行為。

再有一種讓社工人員都不解的情況。一位處理家暴的社工員說，她不懂為什麼有些女人在被丈夫毆打以後，好不容易把她安排在安全的環境裡，但受害妻子卻甘願再回家被打，而且是一而再、再而三。有些更不願意接受輔助，好像是被虐狂，讓她們無能為力。

當然也有被暴力壓得發狂的女性，用更暴力的方法置丈夫於死地，社會新聞中也不乏這類報導。暴力會引發暴力，造成悲劇。

古今中外，暴力的丈夫不會絕種。如不幸幼年有那樣的父親，或被嬌寵長大，就得靠自己修練了。因為人畢竟不同於獸，有自省和自我教育的能力，終能脫離暴力的陰影，讓自己成為一個真正的文明人。

5

妻與夫

大男人丈夫

「大男人」和「男子漢」基本上是不一樣的，他們是兩種男人。通常男子漢是充滿自信、勇敢、打抱不平、助人、保護女人。雖然他們也會被這種僵硬的性格束縛，只有在遇到紅粉柔情時才能釋放，但這樣的男子漢通常是受很多女性欣賞的。

大男人則是「男性沙文主義」的「沙豬」，他們內心認定男性高於女性，女性生來是應該屈服於男性的。在成長的過程中，他們受不了成績好的女生，不屑於被女性主管領導，結婚以後當然更認定妻子是次等人，尤其是有能力賺錢養家的男人。

不過是十年前，還有主婦訴說她想去參加女性成長團體，但丈夫不准，認為那些團體只會讓女人不安分守己，不顧家不盡婦責。他會賺錢讓家人過富裕的生活，而她就應該心滿意足的守著家。

大男人遵循傳統的「遠庖廚」守則，灑掃庭除更不是他的事，「相夫」的女人才要教子，所以那也不是大男人的事。而傳統的大男人越是有辦法就越有一個以上的女人，玩得起女人的男人處處被羨慕。

各個行業都有這樣的大男人。男人的成就讓他們互相抬舉，女性則要加幾倍的努力才能浮出。但只是在職場也就罷了，如果在家裡是個大男人夫夫，不但妻子被壓抑，子女更深受影響。

大男人父親不會鼓勵孩子，不認同孩子的優點，更不會了解孩子的心理。有的父親連孩子讀幾年級都弄不清楚，遑論指導家庭作業！他們縱使在家做一兩道菜，也是顯示自己手藝超凡，並不認為下廚也可以是丈夫的事。

大男人在家裡是寂寞的，妻子在他眼中不過是個婦道人家，當然沒資格和他談心。孩子們怕他，能躲則躲。他永遠有「重要的工作」，甚至在家裡也不能被打擾。

但事實上，大男人往往是女人造成的。幼年時，母親賢淑恭良，唯丈夫之命是從。兒子既是未來的男人，當然也備受尊寵。長大後他接觸的是一個男人主宰的社會，他把成功的男人當學習的標杆。一旦成功，女人主動送上門，而且用各種方法抓住男人的心。多少女人為了得到男人歡心，拉皮、隆乳、抽脂、甚至陰道整型，只是為了讓男人不離開她。

即使普通的男人擇偶時大都也不會選一個比自己強的女人（女人多數也不肯下嫁）。似乎是一種因果循環，大男人就形成了。

然而時代變遷、觀念改變是任何人也阻擋不了的。今天大多數女性享有自主權，年輕一代的男性少了男子漢，也少了大男人，有時候甚至比女性更不能承受壓力。但他們認同女性的能力並不比男性差，也接受男性照樣可以管家帶孩子、洗衣煮飯。他們被封為「新男人」，活得自在而快樂。

因此，對那些殘存的大男人來說，如果不能反省改變，成長成熟，這社會就跟他們格格不入了。

6

妻與夫

夫妻是最好的朋友

有知己、有死黨的人有時會覺得朋友比親人更親，因為父母手足不是選擇得來，不一定能臭味相投；但能結為知己死黨的，可能終身友情不渝。

現代夫妻大多數也是自己選擇的，除了當時愛得昏了頭，或金錢婚姻、政治婚姻以外，一定是談得來、看得順眼才會結婚，所以基本上和交朋友有點類似。當然友誼比婚姻單純，友誼有更多的尊重和諒解，也保持合理的距離。曾看過好幾對夫妻，在離婚後成了好友，但他們也不要再結為夫妻。

其中一位女士說：奇怪，我以前就是忍不住對他有很多要求，很多干涉，結果弄得兩人像仇敵。現在不住在一個屋簷下，有很多思考的空間，也了解我們是獨立的兩個人，各有不同，勉強不得。我們現在是朋友，可以和諧的討論問題、談天。但我們不會復合，因為我知道自己的性格，再做夫妻老問題還會再出現。她丈夫也是寧做朋友不做夫妻。有趣的是幾年過後，丈夫竟把她當知己，和她深談自己再度戀愛的對象，她也很客觀的提供意見，他們真的成了好朋友。

但如果在做夫妻時也做朋友，豈不是可以避免離婚收場？尤其如果有孩子的話，父母離婚最受傷害的就是孩子。

有一對夫妻是朋友圈中最受歡迎的，他們兩人都各有專長，互相尊重對方。妻子常舉辦一些藝文活動，丈夫一定到場支持，熱忱的對待妻子的朋友，就像是自己的朋友一樣。在家平分家事，一起照顧子女，有共同的話題，常討論對方的專業，並不勉強對方的觀念要和自己一致。有歧見時也會辯論，但辯論不是爭吵，沒有怨恨，甚至還可討論雙方欣賞的「帥哥美女」。

對子女教養方式意見不同時，他們會找專業的朋友或找書籍做為參考。「謝謝」「對不起」講了幾十年也沒改變，誰先用浴室用後一定擦拭乾淨再給下一位，對方講話時一定專心聽，絕無用報紙蓋臉敷衍應付的情形。因此走過近四十年的婚姻，他們還像戀愛中的情侶，也像知己的朋友。

其實一個人的人際關係中，最親密的是夫妻。尤其是成年以後，很多人和父母不再朝夕相處，小時候替自己洗澡換尿布的父母親，結婚後除了配偶以外，赤身裸體連父母也不宜看見。而正因為太親密、太沒距離，可以看見對方的優點，也可以看見對方的缺點，所以才有人說「任什麼英雄豪傑，在他的妻子面前不過是個凡人」。同樣的任什麼天仙美女，在丈夫面前也不過只是個女人。

再加上有了夫妻名份以後，妻子會認為丈夫應該如何如何，丈夫也一樣會用刻板印象來要求妻子。曾有一位妻子自己有中等收入，卻存私房錢，認定丈夫本來就該養她，最後也就因為金錢擺不平而離婚。

夫妻如果能互相尊重，保持合理的距離和禮貌，有話可談，不計較對方的缺點，同樣不停止成長成熟，成為好朋友是理所當然的。

1

下一代與上一代

不一樣的父親

傳統的男性由於從來沒學習過怎樣表達感情，所以做了丈夫和父親以後，心中縱有深濃的情意也不知怎樣表達。教訓是他們表達關愛的唯一方式，他們認為子女在他教訓之下成長為他心目中理想的樣貌，就是他愛護的最大成果。如果子女頂撞，他更不知如何處理，只有用更大的權威「鎮壓」。但他可能已在心中承認子女並不全錯，甚至已有悔意，卻不知怎樣轉圜。所以傳統的男人大都享受不到溫暖而融洽的親子之情。

但是經由兩性角色不斷的轉變、整合，這一代的父親已大有不同。有些醫院在孕婦參加產前有關育嬰的講習時，規定準父親同時出席。他們也學習替孩子洗澡餵奶換尿布。有些商業廣告用父親和嬰兒的組合做為產品的代言，年輕的父親用胸兜或背兜帶著嬰幼兒時，會給人一種特別溫馨美好的感覺。而似乎只有父親把孩子架在肩膀上看遊行，孩子才會有安全感。

有些孩子在描寫父親的作文裡這麼說：「家裡的東西，大至門窗、馬桶、電器用品，小至我們的文具、玩具，只要損壞了，他都有辦法修理好。」有的則說：「……爸爸還會做家事，打掃屋內外，洗碗、煮飯、拖地，分擔了母親的辛勞。」有的說：「爸爸是我的知音，我受了委屈，含著淚水向他傾訴……」

這些孩子筆下的爸爸比他們筆下的媽媽更加「內容豐富」，所以男人對孩子的感情，只要先在觀念上改變，再加上學習，他們自會表達得「熱情有勁」。顯然男女平等的意識擴張以後，男女都享受到了益處。

人的感情不能表達時，人際關係一定陷入封閉，就連在家裡也一樣。有些父

親在妻子兒女之間像個局外人，他們談的話他插不上嘴，他們的活動他擠不進去，因為他要保持男性的尊嚴；因為他不會表達感情，妻子兒女就不知道怎樣接納他，跟他打成一片。這樣的男人在家裡，縱然有妻子兒女，仍然是寂寞孤單的。

幸好這一代年輕的父親開始擺脫傳統，在有些家庭甚至是父慈母嚴，他們會極溫柔的撫抱孩子，極細心的照料孩子，只要妻子鼓勵他，不嘲弄他。一位父親形容他給孩子洗澡時的感覺：「小傢伙的小手緊緊地握著我的大拇指，全身緊張生怕掉進水裡的樣子，我全身都感動得熱起來，覺得有無限的愛從我的大拇指傳給了這個小傢伙。」

另一位父親因為在家的時間比妻子多，所以和孩子相處的時間也多。他說教養孩子比任何工作更有挑戰性，更有趣味。他經常回憶自己的父親如何與年幼的他相處，當時只有嚴厲而無柔情，直到長大後才體悟出父親隱藏的愛，覺得父子兩人平白錯失了多少親情滋潤，因此他絕不重蹈父親的覆轍，他要盡情享受親情的溫暖快樂。

一個真正成熟的男人，也是個懂得如何調整刻板的角色以適應生活、活得更好的男人。固守著傳統所謂的男性尊嚴、父親權威的男人，把錢交回家、認定「我賺錢養孩子就是盡了父親職責」的男人，很難得到孩子熱情的擁抱，愛戀的親吻。一位父親很快樂的說：「孩子的口水是香甜的，孩子撒在我身上的尿是溫暖的。」這是一位成熟的男人。

2

父與子

下一代與上一代

哲學家羅素（Bertrand Russel）說過一句話：「父親的最大缺點是，要他的孩子們有出息。」這是一句會遭到絕大多數父母反彈的話，生兒育女沒出息豈不是父母的大失敗！但是細細咀嚼其中的深義，羅素還是洞見了某些父母子女之間衝突的根源，因為這「有出息」的標準是父母的標準，不是子女本身的標準，有時竟因而釀成悲劇。

很多父親對兒子和女兒的將來有不同的標準，女兒能婚姻幸福就夠了，兒子則一定要有出息。戰場上的勇將，體壇上的猛員，可能會對生了一個膽小柔弱的兒子嘆氣。在一些西方電影和文學中常看到熱中於打球或打獵的父親，恩威並施的脅迫兒子跟著他打出好成績，卻完全不能體會那真正不願或不敢打的兒子深切的痛苦。

他們認為男人就應該勇猛好鬥，否則算什麼男子漢！而且「虎父無犬子」嘛！在中國，父親則重視兒子能不能克紹箕裘，醫師父親渴望兒子當醫師，律師父親希望兒子當律師，企業家父親當然是把位子傳給兒子。只有在沒兒子或兒子任怎麼脅迫也不願意時，才寄望於女兒，若女兒自己拚成了醫師或律師時，那是一種意外的驚喜，卻仍然壓不下隱藏的對兒子的失望。

有些學者或政界的父親則不能忍受兒子去搞什麼藝術，特別是演藝工作，那算什麼？簡直是斯文掃地！

就因為父親大都要求兒子有出息，所以對兒子從小讀書的成績要求也就格外高。一位從事藝術工作頗能自得的男士回憶說：「從小我的兩個姐姐一個妹妹讀書的成績是一個賽過一個，只有我總是在留級邊緣。父親的棍子和母親的眼淚都救不了我，父親對我恨得牙癢癢的。可是姐妹們的好成績他好像從來連眼角都不看一下，總是長吁短嘆為什麼養了這麼個不爭氣沒出息的兒子。有一次我胡裡胡塗得了繪畫比賽的獎狀，喜孜孜的拿去向父親獻寶，他卻把獎狀一丟，大喝一聲：『不好好唸書，搞這個鬼畫符幹什麼！』他到死也沒對我滿意過。」

有些人也許在父親強烈的驅策和期許下，努力達成父親對他的要求，成為一個父母心目中有出息的人，當然，也可能符合社會對男人有出息的標準。但是另一些則要格外辛苦地摸索蹎踣才能達到自己的理想；更有些甚或因受不住衝擊而引發心理障礙；或是縱然合了父母心意卻永遠失掉自己的信心，永無止境地對自己不滿意；或是認為一個男人只要有出息，就是成功，結果竟不知還要付出對別人的真情、責任、關懷等等才算是完整的人生。

由於和兒子是同樣的性別，父親很難不把社會傳統對男人的要求也加在兒子身上。在社會上成功的（不一定是有成就）父親會希望兒子青出於藍，在社會上失敗的父親更希望兒子能成功以補償他的失敗。一個孩子如果幸運地有個能了解他的母親，並且能一點一滴改變父親不合理的觀念，他可以不致陷入困境而能發揮自己。若母親除了愛卻沒有主見的話，父子之間就不免要承受社會對男性傳統刻板要求的痛苦了，翻臉成仇也是可能的。

真正成熟的男人做了父親以後，他會了解時代已進步到男女性別除了生理差異以外，其他都要因材施教而不是因性別施教了。他懂得子女是完整的個體，不是他的延續，也不是可以按他的意思處理的財產。對子女合理的要求會鼓勵他們上進，但一定是按子女的性向來要求的。他會安慰流淚的兒子如同安慰流淚的女兒，他也會喜歡調皮搗蛋的「野丫頭」如同喜歡「舞文弄墨」的兒子。

3

下一代與上一代

父與女

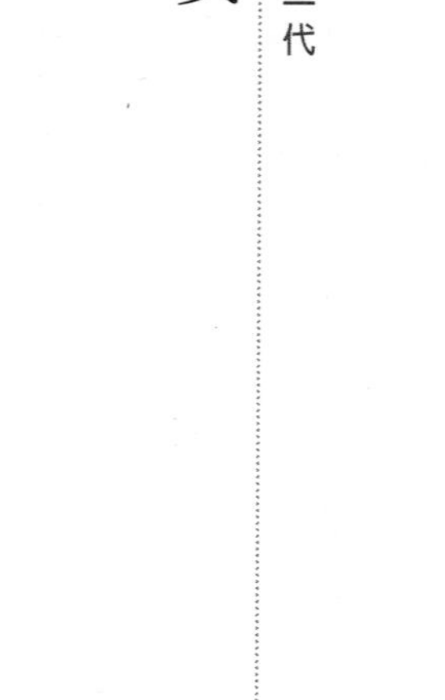

朋友的小女兒從醫生那兒看病回來，一見爸爸就淚汪汪地撒嬌說：「都是你把感冒傳染給我的。」爸爸就萬分呵護地把女兒緊緊摟在懷裡：「呵呵！都是爸爸不好。」我們在一旁哄笑起來，另一位朋友說：「有人講，女兒是上輩子的情人。」「那兒子呢？」大家幾乎異口同聲的問。「兒子是討債的！」「不，兒子也是媽媽上輩子的情人！」答案從眾人口中蹦出。

這是很有趣的現象，儘管佛洛依德「戀父情結」和「伊底帕斯情結」（戀母情結）的理論，受到後來學者的挑戰，但大多數父親的確是用理性對待兒子，用柔情對待女兒。一方面父親下意識地會認為應對嬌弱的小女兒溫柔，另一方面大多數的女孩比男孩伶俐，嘴巴甜，更會表達情感，這使感情較封閉

的父親能輕鬆地和女兒親情交流。還有由於對女兒期望不像對兒子那麼高，要求也就不那麼苛嚴，兩代間的衝突自然不至於太嚴重。

夫妻感情好的，父親更會疼愛女兒；如果不好，女兒有時還可以做為父母間溝通的管道。由於女孩子通常比較心細，常能觀察到父親情緒的變化，給父親適當的紓解。有些男性甚至在情緒上依賴女兒，而引起母親的嫉妒，正像一些父親會嫉妒兒子和母親太親近一樣。

因此父親對女兒的影響有時甚於兒子。父親是女兒第一個異性對象，在一般家庭裡父親是比較有權威的，比較有知識的，比較有能力的，所以他對女兒的褒或貶，力量都比母親來得強；他尤其左右了女兒對男性的看法，以及將來對婚姻的態度。有一位不斷談戀愛卻始終在心中暗藏罪惡感的女士說：「從小常有男同學來家裡找我玩，父親總是警告我不要去勾引男人，其實那時候我根本不懂什麼叫勾引。但現在我只要談戀愛就會想起父親的警告，覺得談戀愛就是勾引男人。」

傳統大男人的父親有時也會讓女兒恐懼婚姻，因為她成長中看到的婚姻和家庭，就是母親被永無止境的家務綑綁著。

在嬉笑無憂的年歲中，女兒是父親的心肝寶貝——直到另一個男人出現。特別是在情緒上依賴女兒的父親，每個來追女兒的男孩，從頭到腳、從內到外都有挑不完的毛病，實際上無非是擔心另一個男人把女兒帶走。一位陷在要不要為自己的婚姻而反抗父親的苦惱中的女士說：「大姐二姐的男朋友都讓父親趕跑了，現在母親為這兩個三十多歲還沒出嫁的女兒煩白了頭，但是又無法說服父親。父親同樣要趕走我的男朋友，我卻想爭取自己的權益。真想不到從小那樣疼愛我們的父親，現在頑固得要命。」

雖然父親大致上對女兒未來在事業成就上要求不高，但如果他對女兒常常鼓勵，女兒比較不會害怕成功，因為她看到的男性是能接受她成功的男性；相反的，如父親只強調女人生命中家庭第一，則這個女兒未來不但害怕成功，也會在家庭和事業取捨之間痛苦。她可能會既不甘心在家做個純主婦，也不能完全投入事業。

父母不同的性格會遺傳一部分給子女，但是思想和觀念卻是學習而來的，學習最初的場所是家庭，最初的對象是父母。孩子在父母的愛中學習，母親常是比較瑣碎屬於生活事務方面，父親則常是生活中的大原則、大方向。父母無形中給了兒子和女兒不同的身教。

父親對這個上輩子的情人——女兒——所給的愛，可以讓她變成永遠長不大的娃娃，或偏激的仇視男人的女人，或成熟明理懂得人生、活得身心平衡的女人。其實，對兒子何嘗不是一樣！

4 下一代與上一代

單親

有一次隨朋友到她朋友家閒坐，路上她就提醒我到時別問女主人的事，因為男主人離婚，目前和一兒一女同住。我笑說早就有警覺，現代人的婚姻有點複雜，絕不可隨便亂問候別人的先生或太太。

這是郊區一幢公寓的底層，小小的院落竟然有花有草還有小樹，兩個孩子正蹲著看花間的什麼，一見有客人就嘻嘻哈哈跑進屋裡。男主人兩鬢有幾絲飛白，氣質和室內的佈置很能應和：簡單、樸實，溫暖。兩個孩子乾乾淨淨，大方有禮。

這個沒有女主人的家讓我印象深刻。朋友告訴我男主人離婚三年多，一開始父親帶兩個孩子過得雜亂、沮喪，讓他幾乎後悔爭取到兩個孩子的撫養權。幸好他母親搬來住了幾個月，穩住「軍心」。他見習母親如何理家，如何與孫輩相處，如果不是多病的父親需要照顧，他一定會要母親搬來長住。

母親離開後，他先紙上作業，擬定以後生活的計畫，最重要的是要求兩個孩子共同協助，依年齡負不同的責任。自己減少應酬的時間，加強和孩子學校的聯絡，他深知父母離婚最不該禍遺子女。前妻移居國外，為了讓女兒有機會接觸年長的女性，他常邀女性朋友來家中坐坐，但都是純友誼。他認為除非真的動了情，而對方也和子女相處得很好，並慎重考慮結婚，否則不宜隨便交往。

這是一個很成功的男性單親家庭，固然由於男主人的學養，也由於他的成熟。在一般人的觀念裡，男性遠不如女性會撫養孩子，所以俗話說「寧跟討飯的娘，不跟做官的爹」。男性無論什麼原因成了單親，親友都會擔心他挑不起這擔子，因此男性單親的時間一般比女性短。他們往往趕快再婚，找一個女性來持家育子。特別是那些一向讓妻子伺候、不知道自己襪子在哪裡、廚房是陌生國度、不知孩子讀什麼班級的男性，單親實在太沉重了。

其實男性是有「武功」的，只是沒經過磨練。如果他在家裡不排斥做「女人做的事」，和子女關係密切，即使有一天成了單親，雖不能駕輕就熟，也不至於丟盔卸甲。

女性單親最難處理的是性，社會上三不五時就會聽聞讓人髮指的單親母親同居人虐殺嬰幼兒事件，單親媽媽的變態心理和行為，和她們的同居人一樣罪不可赦。而男性單親比較起來就有更多的方便，不必引狼入室。

我很敬佩那位成功的單親父親處理感情的態度，就是「不隨便」。單親需要異性朋友是人性，但同住的孩子更需要良好的性教育。他們聽到什麼、看到什麼，都對心理發展有很重要的影響。

如果再婚，一定要慎選對象，自己對孩子的態度更決定他們的人格成長。晚娘、後媽當然不是人人如女巫，卻是最難處理得好的人際關係。單親父親再婚，一定要比第一次更慎重了。

5

下一代與上一代

父親與成年兒子

成年的男人和父親之間有許許多多不同的樣貌，有些父親依然是家中主宰，特別是那些在社會上有權勢的父親，兒子縱然已成年，卻還是沒有獨立自主權的晚輩。但有些父子卻隨著年齡而「權力轉移」。

有的則跟父親成了朋友，像所有朋友的關係一樣，可能是益友，互相勉勵、尊重、甚至是事業上的好夥伴；也可能是損友，什麼狗皮倒灶的事都能互通聲息。

不過大多數兒子成年以後，會認識並了解父親就是普通人，幼年崇拜的心不再，知道父親也有弱點。很多兒子長得比父親高壯，受的教育更高，見聞更廣，照顧父親比父親當年照顧嬰幼年的他更加周到。受到這種反哺的父親是幸福的，能這樣照顧父親的兒子是快樂滿意的。

名建築師黃永洪有次談到他和父親，小時候父親是傳統的嚴父，孩子們幾乎難得看到他的笑容，總像老鼠見貓似的能躲就躲。他讀書工作常年在外，每次回家也還是敬而遠之。但是成長以後，他漸漸發現兒時的嚴父常常很想表達對孩子的愛卻不知怎麼做，甚至還發現當年畏懼的嚴父其實隱藏了些童稚心情。於是他決定設法幫助父親拿下嚴肅的面具，活得更輕鬆自在，和兒子們更加親近。

有一次，黃永洪硬把父親拖去看脫衣舞，嚴肅的老父頭一遭走進聲色場所，而且還是跟兒子一起，難免尷尬。兒子鼓勵他，沒關係，都是男人嘛！暗中觀察父親的表情是好奇加驚喜。一場表演看下來，父親好像和兒子共同有了一次男人的「經歷」，跟兒子間話也多了起來，慢慢在親情中摻入了友情。

成年的兒子對父親感情的出軌或再婚，也比女兒更能諒解。屠格涅夫（Ivan Sergeyevich Turgenev）在《父與子》（*Fathers and Sons*）書中描述大學畢業回家的兒子，聽到父親和年輕的管家婦同居的情景相當有趣。父親吞吞吐吐有點羞慚地告訴兒子，兒子則很大度的接受，還「不由自主地感到自己思想的新進和開通，而大大地高興了」。

成年的兒子也從年幼時聽命於父親，轉變成敢向父親提出類似命令的要求。成熟的男人在自己做了父親之後，會修正當年父親在管教自己時的某些缺失。一位男士說他小時候常為了成績單挨揍，父親從來不問他為什麼考不好，是不是有什麼困難，只是頑固地要他「考好」。他自己成年後結婚生子，決心不讓兒子再嘗當年自己身心雙重的痛苦，他順著兒子的性向教養，讓兒子盡量把困難說出來，然後再幫助他解決。

但是也有些人在做了父親以後，把自己父親那一套奉為圭臬、照單全收。這也可以看出都是成年結婚生子，但在心理上的成熟度是有差別的。不成熟的人會把錯誤代代延續下去，成熟的人就會使生活以及人際關係越來越合理，這是一種進步。

父子之間的親情可以很溫暖、很愉快、很投機。從嬰兒時的撫抱、照顧——餵奶、換尿布；稍大帶出去爬山、釣魚；再大，談天論地，結成「死黨」；到老了，讓比自己高大強壯的兒子呵護，全看兩代怎樣自處和相處了。

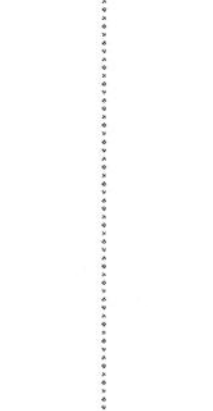

6

下一代與上一代

雙雙親的奉養

儘管養兒防老的觀念日漸改變，但仍然有很多的子女挑著奉養雙親的擔子。畢竟能為自己準備足夠的晚年生活費的父母只是一小部分，大多數為了養育栽培子女已經傾囊付出，甚至把退休金都交給子女投資什麼的，弄到油盡燈枯的程度。

「棄養雙親」是犯罪行為，這擔子是非挑不可的。很多三代同堂和睦相處，很多雖不同住但全力奉養父母，這些父母都很幸福，因為他們的子女有這種能力；至於有能力卻不奉養，或只把父母丟在養老院每月去付錢的，就不夠資格被稱做人子了。

一般說來，奉養雙親在金錢方面大都是男性負責，女性是精神上或照顧上做得較多。常聽老先生或老太太說，媳婦會和他們通電話或信件，兒子則總是「太忙了」，因此男性在心理上是比較輕鬆的（除非是有個黏得太緊、總怕媳婦搶了兒子的母親）。這在男性賺錢養家的家庭，妻子是純家庭主婦，看來也就理所當然。至於岳家，大都得不到金錢上的奉養了。

在職業女性增多以後，女兒認為也該照顧自己的父母。有對夫妻是婚前就談好了，妻子每月從薪金中固定取出多少給自己的父母，丈夫則在年節或岳父母生日時奉上紅包。結果是皆大歡喜，十多年沒改變。有了孩子以後，岳父母體恤他們開支增加，主動提出減少奉養費，年節外孫女生日等，反而是外公外婆包紅包了。心意和體諒是人間和諧最重要的主因，金錢只是助溫器罷了。

國外很多年輕人在就業成家後，由於負擔不起購屋，就搬回父母家住，但他們是明算帳的。依自己的經濟能力付費，父母照收。其實這是很好的辦法，子女獨立後本該養活自己，父母可以分擔卻不是負全責。因此如果是住在父母家，理應談好如何付費。「親兄弟明算帳」，成年子女和父母之間，錢財清楚有助於關係良好。

現在很多家庭聘請外籍保母照顧孩子，但仍有很多是交給祖母或外祖母照顧的。有對夫妻是每月交薪水給照顧孫兒的祖母，起先祖母認為把她當傭人很不樂意，兒子則甜言蜜語勸母親把這當私房錢，並說女人該有自己的獨立經濟，母親也就高高興興的接受了。付錢給長輩，態度很重要，尤其是做媳婦或做女婿的。

其實談到奉養父母，孔老夫子早就說過「色難」。金錢的奉養有能力就做得到，但對親長是不是打從心裡愛他們、關心他們，表現在語言和行為上是不是讓他們很愉快，則比金錢的奉養更不容易。成年子女和父母相處不同於父母和幼少年子女，有時兩代之間更難融洽。或是老一代固執囉嗦，或是婆媳之間難纏，或是兒子耐心不夠，金錢有時候都無能為力。

態度更會影響到自己的下一輩。警世故事中說孫子看見父母用破碗盛飯給祖父吃，就說以後也要用破碗給爸爸吃飯——這是劣等的身教。因此奉養雙親是用心重於用錢的。

第五篇

黃金歲月

1

頂峰之後

哀樂中年

如果孔子生在現代，不知道他還會不會那麼肯定地說「吾四十而不惑」？如果在今天這樣五光十色、千變萬化的時代還能真的到四十歲就不惑，那確實相當有定力了。

中年，正常壽命的峰頂上，過此嶺就是人生的下坡路。男人和女人一樣，站在這嶺上是頗多感觸和惶惑的。他們也像女人不願見白髮和皺紋，日漸臃腫的身材。比女人更強烈感觸的是事業，畢竟世上大多數人只有可以生存下去的職業，而沒有能發揮雄心大志的事業。如果到了中年還「不過如此」，也就心知肚明，前此很難有什麼宏圖大展的時機了。這對從小被家人寄予厚望的男人來說，是一種頗為傷感的壓力。但就此臣服於命運，似乎又心有不甘，因為現代人健康比古人好，運動加上營養，離「髮蒼蒼、視茫茫」還有一大段距離。有的與成年女兒走在一起，還會被誤認為是女兒的男朋友呢！

此時，很多人的婚姻也到了倦怠期，回家和妻子沒什麼可談，子女又忙自己的課業，生活則大都安定了。對子女的將來雖有所期待，卻不能像做母親的那麼全神投入。儘管不是樣樣滿意，卻又不真的欠缺什麼。大多數人上班下班刻板地生活著，電視機前的方寸之地，就可能是結束一天的最後陣地。心智上的沉滯往往和看來還不老的外表不一致，游離在享受安定和繼續奮鬥之間。

由於大部分的家庭還是男人主挑生計大擔，所以他們也比較沒勇氣冒險換職業或轉行，而大多數女性是沒有這種顧忌的。因此中年男性人生彈性更少，也就造成中年的情緒煩躁不安。據一位醫師說男人也有更年期，但他們沒有停經等生理變化，所以心理上的困擾佔絕大多數。

人到中年，父母則已進入病痛的老年，男人對病懨懨的老父母耐心不如女性，這又是另一種心情上的折磨。男人對「人到中年百事哀」感受有時比女人更深切，除了那少數得意於「途」或「壇」或「界」的以外。

但是真正成熟的中年男人在這峰頂上卻是怡然自得的，他們的智慧更圓融豐熟，處世待人更得心應手，患得患失的徬徨不會困擾他們。前半段的上坡爬起來有順途也有坎坷，此時都凝聚成他的智慧。而在大多男人不必為生活瑣事操心的環境裡，很多男人在中年創作力旺盛，有不少諾貝爾文學獎得主就是在中年或中年以後才獲致殊榮。安定的生活有利於他們思考，不像女人，除非是單身，時間都被切割成零零碎碎的。

對於人生，他們更懂得如何取捨。雖然明知峰頂另一面是生命的下坡，但那絕不構成威脅或恐懼。一位中年男士說：「不再像年輕時想追求那麼多東西以後，心智就像經過過濾一樣的清明。看人生更透徹，中年以後才體會到成熟的好滋味。」懂得孔夫子說的不惑，正是成熟的意思。

其實現代人的中年已向後至少延了十年，四十歲還只是青壯年而已，男人尤其受到「優待」，無論外表或內心。所以雄心勃勃的中年男人還是大有人在的，這些是信服「人生四十才開始」為真理的人。男人生殖年齡也比女人更長，中老年才做父親會使他們真正感到年輕，老夫娶了少妻再做了父親是社會大眾樂見的喜事。中年男人有很多比毛躁的青年更能吸引年輕女人，他們微白的鬢髮和魚尾紋成了穩重成熟的象徵，但這卻正是中年女人恐懼厭惡洩露年齡的「凶兆」。這種對比是很有趣的，「哀樂中年」真是一語道盡中年人的心情。

如果進入中年還不成熟，無論男女，就會比青少年時更加惶惑不安了。

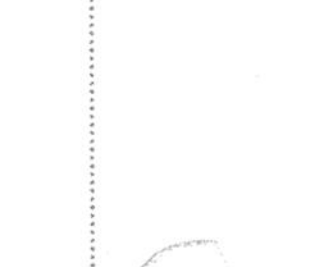

2 頂峰之後

轉業‧創業

中年，尤其是後中年期，無論轉業或創業，都需要十分勇氣，再加上極充分的準備，以及家人或朋友的支持。常看媒體報導，有些上班族（甚或老闆）轉業（也是創業）回自己家鄉開民宿、開餐飲店咖啡店，有的用自己的專長開辦各種手工藝教學班，或開一間個人工作室，都讓人欽佩、羨慕。因為他們大都有一塊祖地或祖屋，只要不怕吃苦，幾年下來就能弄成一個局面，過著自己喜歡的生活。這對上無片瓦、下無立錐之地的人來說，是一種奢求。

有人說男人是事業動物，事業越大活得越帶勁。雖到中年，還是有人「不安於業」。原因可能是原工作不合志趣，趁著身心狀況還沒真老，改變軌道。也可能原工作做得鬱卒，此處不留爺自有留爺處。還可能是友朋鼓動，湊個幾人自行創業。原因不一，結果也不一，有人成功，有人失敗，甚至賠上婚姻，嚴重的還會成為經濟罪犯。

曾聽一位轉業成功的男士說，中年轉業不像年輕時創業，有幾項忌諱：

一是絕不可好高騖遠，除非有龐大的資金做後盾。
一是絕不可碰自己完全外行的東西，中年再學是極難的事，除非曾有經驗。
一是絕不可完全靠借貸，就像不可借錢玩股票一樣。寧可從小規模做起。
一是絕不可抱著孤注一擲的心態，因為沒有年輕時可以回頭或再起的本錢。
而且最重要的是自己真心喜歡。興趣可以讓人忍受辛苦，讓人鍥而不捨，最終練出成績來。
此外前置作業一定要切切實實做好，多研究，多探詢，知己知彼極為重要。
的確，中年轉業或再創業，當然不像年輕時有比較好的條件，闖蕩江湖沒太多顧慮。有對夫妻採取的穩健做法是，妻子有一份固定收入的工作，丈夫用積蓄加部分貸款和提前退休的退休金，去買了市區邊緣一家咖啡店。他事前研究咖啡大半年，再學習煮泡咖啡，自己本來也喜歡。用了一個工讀生，妻子下班後來幫忙，就這麼開起店來了。他說並不期待賺大錢，但很快樂，遠勝於他繼續做原來的工作。

現在有些機構為了精簡人事費用，讓員工提前「優退」，好補進薪金較低的年輕人員，因此不少剛滿（甚或不滿）五十歲「前中年期」的上班族就不得不退休了。這種年齡大都不能無所事事的過純退休生活，於是有人未雨綢繆，計畫轉業或創業，以免到時生計沒著落。

有位男士因就業早，才四十八歲就優退了。在度過一段鬱悶期之後，決定先找一份兼差工作，不計較待遇、認真踏實的做了一年多，竟然有機會成為正式人員，於是他有了第二段工作生涯。另有一位文字工作者優退後做自由寫稿人，現在他常應邀為雜誌寫專訪，評論也經常被不同的媒體採用，寫作題材比以前更有彈性，也更能享受生活。

單身漢轉業或創業牽連較少，但由於年齡的關係，很多人想到老年的生活，有時反而沒勇氣換跑道。而有妻子的鼓勵和支持，以及具體行動的協助，丈夫更能實現自己的夢想，有時成年的子女也是很大的助力。

用自己的興趣養活自己及家人是最快樂的人生。有人幹了大半輩子的工作，只是為了餬口，毫無興趣，換跑道雖是冒險，但也可能開創另一個自己喜歡的人生。只要有了這個意念，準備妥當，各種條件都夠，就當起而行，年齡可是不等人的！

3

頂峰之後

空巢期

一般說來，空巢期對男性的心理影響不像女性那麼嚴重，因為大部分父親和子女的關係沒有母親和子女緊密。子女獨立以前，對父親的依賴就逐漸減低，女兒也許還會在父親面前撒撒嬌，男孩子和父親則更像朋友。同時父親的生活重心往往不在家庭、子女，他們賺錢供子女讀書好讓他們將來有成就，那也代表自己的成就。而大多數母親卻幾乎把重心都放在子女身上，甚至可以不要丈夫，只要子女。因此子女離巢的空巢期，對男女的影響是不同的。

不過空巢期畢竟還是家庭的一大變化，也宣告前老年期的到來，心理和生理都有轉變。首先家裡的空間變大了，會有多出來的一兩個房間。其次飯桌變得空蕩蕩的，益發的安靜。有位妻子說她簡直害怕和丈夫兩人面對面吃飯，因為無話可說，卻又覺得不該無話可說。她很羨慕一些聒噪的妻子，總能說個不停。有時她希望丈夫多點話好打破沉默，但最後還是她努力找話題。

有位丈夫抱怨說自從孩子都離家以後，妻子越來越懶得做飯，經常買點便當或熟食就打發一頓。他下班很想像以前一樣，晚餐有熱菜熱飯。但每次提到這個要求，妻子就怨氣沖天說做了大半輩子飯，她夠了！有錢應該帶她上館子，沒錢就在家吃便當。

空巢期讓女性失去生活重心，成熟的女性會重建生活重心，她們去學習，發揮自己的才能，讓自己找到生活的意義，相對的家庭或家事就不會使她們厭倦。但如果生活沒有重心，則一切都無意義。因此空巢期的丈夫最好能鼓勵妻子，去尋找自己過去為了子女而不能圓的夢想，關心她們圓夢過程中的點點滴滴，那也是最好的話題。以前從不做家事的丈夫可以分擔一些，掃地洗碗之類的輕家事只會讓上班的疲勞消滅，也預習退休後在家生活的熟悉度。

一對夫妻早有覺悟，子女離家後把房間重新調整，改在廚房的小餐桌吃飯，盡量簡單。每週兩人一起上超市買菜，週末鍋鏟就交給丈夫讓他掌廚。計畫旅行、學習，妻子早就到社區大學上課，丈夫打算退休後再練書法，把電腦玩得更精。

對某些男性來說，空巢期也是容易出軌的危險期。對老的恐懼，對歲月流逝的驚惶，如果遇到一個異性表示好感，就覺得自己依然魅力不減。家中沒有兒女，妻子又早就貌合神離，稍一放縱情感，就可能另結新歡了。女性雖在空巢期也有類似的失落，但畢竟機會比較少，而且社會規範也讓女性比較慎重。同時女性的同性朋友較多，心思有處可訴，結伴同遊或同做某些消遣都可填補空巢期的虛空。

無論男女，會安排生活的就不怕空巢期。養兒育女幾十年下來，父母都付出了極大的心力和時間，金錢就更不用說了。這些責任告一段落之後，正好來檢視夫婦之間以及自己的生活，看看需不需要修復或加強。有對夫婦在子女離家後開始計畫出國旅行，先從鄰近的國家開始，再往遠處跑，沒有「後顧之憂」，兩人玩得盡興，他們說這就是孩子長大了的好處。

因此空巢期既然是生活到老不可避免的階段，就該好好把握。有位男士說得好：空了才有空間再充滿。這是得，不是失。

空巢期是退休的前奏曲，演奏得好，有助於以後過退休生活，特別是不太能適應退休的男性。

4

頂峰之後

更年期症候群

根據醫學專家研究，更年期並不是女子專利，男人也有更年期，只是大約比女人晚上十年八年，來時也會心躁意煩，有諸般症狀。但也像女人一樣不是人人會患，有人有免疫力，有人則或長或短的患上一陣子。

一位已經算是名利雙收的男士說：回想二十幾歲時每晚下了班跟一位同事騎腳踏車回宿舍，經過螢橋時常會在河堤上坐坐談談，心裡充滿希望、憧憬和理想，雖然什麼都沒有，但是覺得很快樂。現在名有了，權也有了，開的是進口轎車，妻賢子孝，當年想的也不過是這些，都有啦，卻沒有什麼特別快樂的感覺，甚至常有說不出來的煩躁憂鬱和焦慮。有時還要吃點鎮靜劑舒展心情，人生是不是很諷刺!?

有人說快樂來自追求的過程，而不是追到手的標的。女人的更年期是由於停經荷爾蒙失調引起，男人的更年期可能大部分真是由於人過中年以後邁向老年，已經追求到目標就沒有了快樂；而另一部分沒追到的也失去年輕時追求的勇勁，當然更是快樂不起來。於是就出現類似女人的更年期症候。

男人雖以有事業為成就的標準，但中年以後如果事業平穩順當，全無挑戰性，只要「守著」而已，這個男人在精神上就有很多的空隙讓更年期症候群趁虛而入了。事業（或職業）既然是努力大半生才得到的，他當然不能輕易放棄。他可能有倦怠感，卻沒有放棄或轉業的勇氣。

同時，男人怕老的心理也不輸女性，做臉、拉皮、染髮等力挽青春的行為不僅限於演藝人員。運動健身等除了保健以外，也是為了維持身材、「看起來比較年輕」的目的。有人和年輕女性談戀愛，為的是證明自己仍然有吸引異性的魅力。

將老未老，大抵是人生相當難平衡的時期，尤其是仍必須在工作場合和年輕人競爭的人。這一代年輕人從小可能被教導怎樣與別人競爭才能出人頭地，或是環境更好，受的教育更高，專業知識及技能都超過上一代，升遷的機會自也跟著多，根本不把「老的小職員」看在眼裡，於是某些男人的更年期病症也就不免加重了。

而急速變化的時代，也讓中年以後的男人自覺跟不上年輕人的觀念和腳步。他們也許會比妻子更頑固的不允許子女做些讓他看不慣的行為——看不慣的又相當多。所以患了更年期病症的男人，除了自己本身首當其衝的受到身心困擾以外，最直接受到影響的是他的妻子和兒女。

一位妻子曾訴說她的丈夫在五十歲剛過時，脾氣逐漸和以往不同，變得敏感而煩躁；常常誤解她話裡的意思，而且執著地認定，全不聽她解釋；很愛嘮叨，一點小事能反覆數落不停；自尊心也莫名其妙的益發強硬，而且固執堅持。她只得小心翼翼，但時日一久，自己也不能平衡，夫婦間爭吵比年輕時更多，她實在搞不懂為什麼？

只有真正成熟，並且能在事業和職業之外精神有所屬的男人，才懂得如何面對這段時期，才知道如何調節身心以適應將要踏進生理上老年的階段。一個心理能隨著生理成熟的男人，無論男女都可以對更年期免疫。

人類學家歐尼爾夫婦（George O'Neill & Nena O'Neill）認為：「成熟並非一條死巷，也非為死亡而做的準備——它應該是一條開放的道路，以及為生存所做的準備。它學習如何做一個開放的自我：向生活開放、向他人開放、也向新的體驗開放。」能有這樣的體認並能做到的話，就對更年期有免疫力了。

5

頂峰之後

陰陽反轉

在《一個女人的成長》（遠流出版）這本書中，我談到女人的中年危機時，曾舉出《張老師月刊》的一篇研究報告：〈男女生涯的「陰陽反轉」〉，在真實生活中也看到很多實例可以印證這個理論。

這是美國一位心理學教授整理出來的，適用於東西文化的男女生涯發展差異圖。圖表很明確的看出「女人的後半生更獨立、更自我肯定，男人的後半生更富感情的感應及撫育傾向。」因為「假定一個人缺什麼，他是會朝著那個方向追求，使其圓滿；當一個人已經滿足了什麼，那麼他一定會掉頭，不再停留過久。」這應驗了人生圓滿性的假說。

當然並不是所有的男人到中年後都會這樣陰陽反轉的，重度陰柔的女性和重度陽剛的男性到死也不會反轉。但的確，很多中年以後的男性瞻前已不見有更高的巔峰可攀，顧後一切穩定也沒什麼後顧之憂，競爭或奮鬥都不再是生命中重要的事，如果他沒有「外務」，就會把心多放點在家裡。

而家的重心不在子女卻在妻子，因為子女將近或已經成年，父親很難在感情上依靠他們，雖有「撫育傾向」，但大多父親長年忙於工作，此時縱有親情卻不一定能親密相處——除非是那些從孩子小時就很照顧他們生活的父親。於是妻子就成了丈夫感情的依靠。他們可能比年輕時更挑剔妻子家整理得不夠清潔，飯菜不可口，最受不了的是妻子不像年輕時那樣溫柔順服。

經過十幾二十年婚姻生活的磨練，男人發現妻子已不像戀愛或新婚階段那樣「小鳥依人」，處處依賴他來解決生活裡的大小問題，來保護她免於恐懼。因為她單獨面對難題時丈夫經常忙於工作不在身邊，孩子突然發燒或跌斷了手腳，蟑螂老鼠在廚房橫行，電器忽然壞掉等等，她自己也一樣樣解決了。等男人開始把注意工作的心轉而注意她時，她早已經變得更獨立、更自我肯定。當然，丈夫仍是重要的，可是她不依賴他了，有大男人主義或傳統男性意識的丈夫不能忍受這些。

尤其如果妻子在家以外的天地比他廣闊，知識或見解都超過他時，他會更加耿耿於懷。有位中年主婦曾大為不解的訴說：「滿以為自己力求上進獨立，會得到丈夫的讚賞。沒想到他反而處處看我不順眼，成天毫無道理的挑剔，有時連孩子都會替我打抱不平。」

而成熟的男人縱使也有陰陽反轉的現象，但他們和家人相處的方式卻是不同的。他會樂見妻子的成長，真心欣賞妻子處理家事以外的能力，甚至願意共同參與妻子在家庭以外的活動，像一起進修、一起做義工等等。他知道夫妻間的依賴是互相的而不是單向的，因此在生活上他也必須相對的付出——無論他是單獨負擔家計或和妻子共同負擔。

其實人的後半生如何生活與前半生是息息相關的，如果一個男人前半生只專注在事業的競爭上，除非他根本不結婚，否則若對家人付出的極少，在後半生要「豐收」就不免太一廂情願了。真正成熟的男人很早就有自覺，他知道婚姻絕對是兩個人共同的「事業」，不能用賺錢養家做為理由拋棄丈夫和父親的責任。

成熟的男人也懂得如何面對生命中的轉變，陰陽反轉既是一種生命的現象，就無所謂絕對的好壞。妻子的更獨立、更自我肯定是可喜的，自己的更富感應及撫育傾向也是可喜的，重要的是怎樣接受及運用這種轉變，讓後半生過得更好。

1

從心所欲

越老越可愛

曾經讀過幾句奉勸老人的話：「避免嘮叨及乏味，倚老賣老，誇耀年少時的威風，又感嘆壯志受限的委屈。」前兩句可能老男人或老女人都無意中常犯，如果不時時自省或豐富精神生活的話，後兩句就比較屬於男性「專利」了，因為女性年少時威風的不多，也較無壯志，當然也較沒有受限的委屈。

無論男女，「老而受人尊敬」比「老而受人喜歡」多半容易點，尤其老年男性，人們會因他的學識、地位等尊敬他，但受人喜歡往往需要一些特質。而這些特質可不是每個老男人都有的。

就外表而言，老男人常比老女人更「中看」，白髮和皺紋對他們容貌的傷害遠比女人來得輕、來得少。這種不公平的差異受人為觀念的影響，當然遠超過自然的形成（畢竟自然是公平的），所以同樣的老相，很多男人是要比女人佔優勢。在這樣的優勢下，老男人如果不受人喜愛，大部分可能就是犯了那幾句話所指出的毛病。

在成長的過程中，如果不注意心智是否隨著年齡成長，那麼變成一個不成熟的老人是注定的。成熟的老人深知生命的遞嬗有如花開花謝，他經歷過萌芽、發苞、盛放，而無論曾經多麼燦爛輝煌，不必再三重複那些歷程，因為別的花朵也是有同樣歷程的。年輕人要吸取的經驗，往往言簡意賅就夠了。

成熟的人也會知道老而乏味，就是由於自己除了陳芝麻爛穀子以外再也不進新貨了。男人青壯年時常為了要在事業前程上有大成就，因此努力上進，一旦老來沒有這種需要時，就再也看不起各種新知。也是一種「陰陽反轉」吧，有些老女人反而不畏辛勤的追求新知了。

成熟未必與教育程度有關，一個沒機會受高等教育，終身不曾追逐功成名就的老人，如果有足夠生活智慧，也一樣是成熟的。他的好奇心和關懷別人的熱忱到老不減，就不會嘮叨乏味，倚老賣老。他們欣賞年輕人，也能自在愉快的和同輩朋友共處。

不成熟的人從工作崗位上退下來時會手足無措，徬徨無依。曾經指揮別人的，現在沒了「指揮棒」，就雙手空蕩蕩地不知擺哪裡好；曾經被指揮的也沒了主張。相對的，縱然是職業婦女，由於從來沒為工作生疏了家庭，所以退休回家，女性適應大多沒問題，男性在傳統教養下到老就比較吃虧了。

但成熟的男性早有心理準備，不拿指揮棒時，他有更多選擇拿自己喜歡的東西；不再聽別人指揮時，他的生命反而更加寬廣起來。沒有養家的負擔，沒有工作考績競爭的壓力，太太不拿他跟別的丈夫比較了，他真正成了自己的主人，真正能「七十而從心所欲」了。再加上男人在這個社會仍比女人享受更多安全、方便、自由，於是成熟的男人開始過更快樂的老年生活，並且在「從心所欲」之外還能「不踰矩」，這就成了他們老而受人喜愛的特質。

老了如果只能讓人高高在上的尊敬著，卻不能受人喜愛願意接近，那會是很沉重的寂寞。通常越是傳統意識濃厚的男性，越會走向這條路。他們不太能接受改變，到老都把刻板的男性角色模式套在自己身上。

嘮叨可能是寂寞的結果，乏味當然是由於拒絕改變（包括思想和行為），倚老賣老，總是提「當年勇」，或相反的到老還在抱怨懷才不遇，這樣的人要別人樂於接近就難了。

幸好，成熟而可愛的老男人大有人在，這是可喜的。

從心所欲

2

不甩小病痛

大多數男人承受病痛的力量遠低過女人，上天也成全他們免受生產之痛，那些寧受極刑而不招供的確實是英雄人物。年輕時小病小痛誇張呻吟，博得媽媽和妻子格外呵護的男人，恐怕不太清楚他們身邊的女人常常是忍著病痛不讓他操心（不過也有極少數女人用病來拴住丈夫或兒子的）。但畢竟是年輕，很多病痛在她們面前撒撒嬌吃吃藥之後也都痊癒了。

老年一旦有病痛，往往很難恢復健康，一來生理機能和器官日漸衰退殘舊，藥物只能起部分作用，回春乏力；二來身邊的女人聽夠了男人的誇張呻吟，已經不耐煩加意呵護，因為她們自己也在生活中疲累了。於是病痛成了老年男人最大的恐懼，越恐懼病痛似乎就越嚴重，變成無論熟人或生人相見最愛

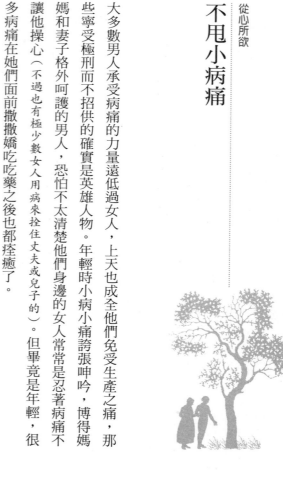

搬弄的話題。一位老先生不願跟太太一起參加社區的老人晨間運動，理由是太煩人了，那些老頭子永這個病那個痛的遠講不完，沒病聽了也會生病。

像這樣可愛的老先生一定是精神生活豐裕、視野遼闊的，縱使生理上稍有不適，他知道該找醫生時就找醫生，該靜養時就靜養，他也知道老機器無論怎樣維修也比不上新機器了。對這種理所當然的自然現象，不必掛在心上掛在口上，生活裡可談的話題多得很。

有次一位鄰居老先生搭我的便車，寒暄過後他爽朗的笑著說：明天要去看鳥，今天先去醫院看一個老朋友。我誠實地讚他身體好、氣色好。他說：「七十多歲的人了，總是這兒瘦那兒疼的，但是醫生檢查了告訴我沒大病，我就不理會了，因為每天要玩要忙的事兒多著呢，哪有時間操心這些。可是我的住院朋友就是『愛住院』，成天得有人照顧著呢！一回到家就擔心病又加重了。」他笑得更加中氣十足的說：「要是肯跟我一樣不理那些小病痛，保證他不必住院，受那個罪幹麼！趁還沒離開這世界，多玩玩多看看，說不定這趟旅行結束以後就再也不會回這世界來囉！」他下了車背著包包，飄著白髮，步履真健！這是一位心理成熟的男人。

散文家吳魯芹先生說：「一個人能活到花甲之年就不錯了，花甲之後的餘年是外賞，是紅利，是撿來的。」現代人講究理財，而生命的財富絕對需要智慧去打理。這筆「紅利」不是人人可得，得到手的是一種幸運，怎樣運用讓它利上滾利（不是年歲的增多，而是享受生命）更需要智慧。

過分重視病痛的老人，除了像神農嚐百草那樣什麼都「吃吃看」以外，還喜歡囤積藥。抽屜裡擺滿滿各種顏色、各種形狀的藥，有的早已經過期，有的根本搞不清楚療效。那些多半是看不同的病拿的藥，怕需要時沒藥吃，所以存著，結果總也吃不完（到）。現代人理性上當然不相信長生不老、永生不死，卻仍不免期待能活得長長久久，有時對藥物的依賴和相信真的到了匪夷所思的地步，賣什麼藥都有人買，當然受騙上當的大都是老人家。

雖然年輕人很難體會人到老時，有些病痛如影隨形，很難完全治癒。既然事實難以改變，最好的對策就是不甩它們。

生活空虛無聊的人，就益發把注意力放在病痛上。很多老男人有「返童」現象，他們藉病痛來引起家人注意，用病痛來填補空虛無聊。沒想到有句俗話是「養小日日鮮，養老日日嫌」，過度強調自己病痛的老人是不大受歡迎的。有病尋正軌找醫師診治，不亂服偏方，配合醫師的治療，小病則不需過度理會，注意保健就不會被小病痛奴役了。

3

從心所欲

老來伴

「少年夫妻老來伴」，勾畫的是一種理想而美好的婚姻狀態。男女兩人在經歷過戀愛、結婚、生殖、養育等責任以後，又回到只有兩人的世界。這時候責任減輕了，辛苦減少了，相對的兩人相處的時間增多了，這「伴」字就重要起來了。

「伴」應該是介於夫妻和朋友之間的關係，理應是肉體接觸減少，心靈接觸增加。但麻煩的是男性在「威而剛」的助威之下，對性的要求不減，而至今並沒見廣泛推出女性助性的藥物，很多年長女性對性事又畏懼又厭惡。於是不同的要求造成夫妻間的不和，甚至因而離異。

有位女士說她現在身體乾乾淨淨，不能忍受丈夫性的要求，對丈夫外出尋花問柳只好不聞不問。儘管醫師開導說，只要經過指導並藉藥物幫助，老年夫妻仍然能享受魚水之歡，但願意求醫的年長女性實在少之又少。她們喜歡丈夫能體貼的談心，能共同做家事，能攜手同遊，像朋友一樣，是親密的朋友，知心的朋友。

難的是很多老男人不能體會老妻的心情，尤其是精神生活比較貧乏的男性。他們惦記的是「如何重振雄風」，「威而剛」正好可以幫忙。經常在報上看到醫師說，年長妻子的「性」趣要丈夫培養，讓妻子先感受到被愛才能引發她的性趣。在幾乎沒有荷爾蒙的老年，縱然有藥物輔助，女性在性這方面，仍然是需要有愛有情才有意願的。

如果夫妻真是老來相親相愛的伴侶，大部分妻子是會「好商量」的。可惜我聽到的很多都是丈夫理直氣壯的認為，性是夫妻應盡的義務，那就很對不起，老妻已經盡了大半輩子的義務，能強求她繼續配合嗎？

夫妻兩人逐漸年長以後，健康可能出現的問題也較多，彼此照顧是必需的。不過很多老妻抱怨生病的老夫太難伺候，冷的不行熱的不要，軟的不可硬的不好。如果把老伴當成「伴」而不是夫妻，要求就會不同。

有位臥病一年多的男士告訴他的朋友：「我總是對老伴心存感謝，而且不忘禮貌，我很清楚的告訴她我的需求，好讓她知道怎麼做比較好。生病是無可奈何的事，我不能怨誰，更不能拿老伴出氣。想到她為了我的病自己要犧牲那麼多，只有感謝。」也正因為丈夫的態度，妻子盡心盡力，無怨無悔，這無非是感覺到受尊重，而不是被呼來喝去的在盡義務。兩人都愛讀書，妻子每晚必在床頭讀上一個小時，有時會互相討論。病交給醫生，命交給上天。

是的，態度最重要，夫妻間固然有法定的義務，但是如何盡這些義務，是不是很愉悅的盡義務，就全看兩人的態度了。夫妻幾十年相處下來，要相看兩不厭不容易。尤其是彼此間沒有距離，沒有各自的生活，更是膩到不行。

如果把他／她看成伴，空間就拉大了。對方不是一定要做飯給你吃的妻子，不是一定要按時回家的丈夫，不是一定要同出同進的配偶，不是一定要同蓋一床被的夫妻。對方端杯茶你應說謝謝，對方打岔了你的工作，應該向你說對不起。專心聽對方講話而不是敷衍，尊重對方的興趣，不排斥對方的朋友，共同承擔家事，公平的分享錢財，同樣敬重雙方的尊長，合理的奉養等等。融合了夫妻和朋友的角色，這樣的老伴才能長相廝守。

相伴到老還沒離婚是幸運，但「人前夫妻，人後仇敵」的也大有人在。很多年輕人說：「我爸媽互相不講話，都是我們在中間傳達，真不知道他們幹麼住在一起？」這樣的夫妻恐怕就不是伴而是「絆」了。

舊朋・新友

小女孩圍在一起吱吱喳喳，談她們的小心思、小祕密；小男孩圍在一起打球、打彈子、打架。不同的發展到後來，女性有手帕交、姐妹淘、閨中密友，男性只有酒肉朋友、同事和事業夥伴。到老了以後，女性友誼不變（除非成了情敵），男性則沒有事業就沒有夥伴，沒有職業也就沒有同事，腸胃老弱不勝酒肉，於是也沒了朋友。很多老男人是孤寂的。

不過近來我看到一些很可喜的景象：在一家吃到飽的自助餐廳，七、八位花白頭的男士興高采烈的用餐，高談闊論。午間陽光穿過餐廳窗戶照在他們臉上，紅潤健康，是一群快樂的老人。

另一次在西門鬧區紅樓戲院後面一條僻靜的街道，一堆人坐在寬板櫈上下棋，周圍是神情專注的旁觀者，細看，也都是年長的男士。而這場景在一些場所也時有所見，他們也許並不全是朋友，但在共同觀棋那一刻，相信會有和朋友相聚的愉快。縱使偶有因意見不同而起爭執的事，也強過孤獨在家悶坐發獃。

多少人都說過朋友是人生最大的財富，但到老還有朋友的人，大多是有某些嗜好的，甚至是打麻將，當然更健康的嗜好更有益身心。有些人逐漸失去以前的朋友，除了沒有嗜好以外，就是主動封閉自己，老了，懶得動，也許早先還有電話聯絡，接著覺得在電話裡說來說去就那些陳年老話，於是漸漸斷了。怕出門，當然也疏於來往，最後的聯絡就只剩一張訃聞。

因此要保有老朋友，一定要有一兩樣嗜好，無論是靜態的書法、繪畫、下棋、手藝，或動態的登山、觀鳥、攝影、旅行，不但可保有老友，還能交到新朋。其次就是要勤於往來，即使疾病纏身，也可用電話溝通。有些人到老就放棄自己，放棄一切，而友情是要常常加溫的，就像一切情誼一樣。朋友間談話除了舊話題以外，要常加新話題，因此充實新知識就很重要。

老友要維護，若經常不守信用、金錢不清楚、佔人便宜、八卦朋友的祕密，都難保住友誼。

如果有一兩樣嗜好，也比較容易交新朋友，參加各種社團，志趣相投，話也投機。一位男士退休以後，無意間看了關於賞鳥資訊，就「一試成主顧」，上了癮。不但全省走透透，還到外島、國外去賞鳥。他以前朋友很少，現在則有很多新的「鳥友」，後來妻子也跟著迷上，朋友都成了家庭的友人。從賞鳥進而拍攝鳥，常在家請朋友看作品，生活充滿樂趣。

男性朋友之間，縱使不像女性那樣談心思，也會因朋友而拓寬生活的空間，分享快樂，分擔愁苦。儘管很多男人遭遇痛苦時只跟朋友一起喝幾杯而不知傾訴，也可化解幾分苦悶。能了解的朋友拍拍肩頭，就是很大的安慰。所以一個成熟的人，應該有要有幾位舊朋新友的，否則就是ＥＱ過低了。

5

從心所欲

人生退休才開始

近來討論退休的聲音增多了，銀髮族增加，壯年人陸續進入這個行列，聲勢浩大起來，退休因此成了重要的課題。正由於男性以事業為主（沒有事業也以職業為主），退休就成了大多數男性不得不接受、卻又不甘心接受的人生階段。

說「人生退休才開始」，絕不是阿Q心理：反正一定得退休，就講得美好一點安慰自己吧。不！想想人的一生從出生開始，有多少是能自主的？出生，就學，結婚，工作，都有很多外在的力量在左右。但退休以後，自主的空間立刻擴大了，所以人生真的是從退休才開始的。

所謂自主，就是說一切要靠自己，而退休後有的是時間，睡到自然醒以後怎麼過，自己安排吧！不夠成熟的人在沒有外力規範時，就失去生活的重心和軌道，不知如何走下去。結果很多人退休後身心的疾病馬上大爆發，跑醫院、看醫生變成生活重心。其中以男性較多，常見很多老妻或女兒、媳婦、外傭陪伴老先生穿梭在醫院裡，而公園或廣場上則多的是運動的銀髮女性。

以工作為重心的男性一旦從職業舞台退下來，就認為自己成了無用之人。而以家庭為重心的女性退休回到家，仍然大有用處。也因此退休的丈夫，常是家中不受歡迎的人物。不怪別人，自己把自己當廢物，行為也像廢物，別人就理所當然認為你是廢物了。

但也有不少懂得生活的人，趁著不太老就提前退休了。他們發現早退休可以更自主的安排生活，可以更有效的學習、創作，畢竟越年輕心思越靈敏，身手更靈活，各種條件都比較好，還能做需要體力的事業。不過不是人人都能提前退休，譬如做不滿年限就領不到退休金的，只好捱到法定退休時間。

無論是提前退休或法定退休，都可以認定是從此人生才開始。應該認真思索如何規畫這新的人生，讓這個新的人生充滿喜悅、愉快、積極，有創造性、建設性，才不辜負這段人生。

大多數男性歷經職業的訓練，其實可以很有效的為新人生製一張表。依自己的性格、專長、興趣和健康狀況、經濟條件等等，列出近程和遠程可做的事。最容易做到的先做，可以很快得到成績來鼓勵自己，再繼續做下去。

有位男士說他就是選擇最方便、最快速的方法：進社區大學學攝影。深入以後覺得每天時間不夠用，由於經常到戶外大自然中攝取題材，身體跟著健朗起來。又交到同好朋友，結伴做同樣有興趣的事，談彼此都了解的話題。社區大學有時展出他們的作品，更讓他們有成就感。他認為身為男性有更多方便，有時他一個人到海邊或山中攝影，比較沒有安全上的顧慮。的確，某些戶外活動或需要體力的工作，男性是比較佔優勢的。

退休是人生最後一段生命，怨天尤人、不死不活到死也是過，充滿生氣、興致盎然到死也是過。而且快樂的人更有心去關懷別人、協助別人，生命就有了不同的意義。（編按：薇薇夫人有一本談退休的專書《美麗新生活》，遠流出版，對此議題有興趣的讀者不容錯過。）

結語

重讀《一個男人的成長》時，發現和初版當時比較，科技有了長足進步，人們的價值觀也有了很多的轉變。雖也有「清貧」「樂活」的聲音，但崇拜金錢、權勢的聲音更強大，「商業英雄」更是男性崇拜追求的目標。男女都「向錢看」，不同的是大多數男人是拚命自己賺錢，而女人則大多數是拚命找有錢的男人。在這樣的價值觀主導之下，我不知道男女在成長以後，會造成什麼樣的社會？他們會組成什麼樣的家庭？養育什麼樣的子女？人類又會往什麼方向走？

「一胎化」政策使大陸男嬰多於女嬰，二十年後的今天已經讓男性找不到配偶；而國內的「少子化」風潮仍受傳宗接代觀念影響，也有同樣的情形。這顯示男孩比女孩受歡迎，男性仍然是「強勢角色」。但相對的女性也越來越強勢了，儘管有以「為丈夫生兒育女」為榮的女人，不過日本厚生勞動省大臣柳澤伯夫一句「女人是生孩子的機器」，就讓首相安倍晉三聲勢大受影響；而世界上又多了不少女性領導人物，這些事實對某些男性一定會有壓力，如果他不夠成熟的話。

成長在生理方面自是順著自然發展，只要不是不幸身患重症，就像一棵樹往上長進而成熟。而在心理方面就複雜多了，受天生性格的影響，受父母養育時價值觀的影響，受自我教育的影響，因此心理的成長到成熟就不像生理那樣自然了，也因此這永遠是個值得探討的話題。

很幸運的在幾十年寫專欄的經驗中，接觸到無數男女問題。我把屬於女性的彙集成《一個女人的成長》，把屬於男性的彙集成《一個男人的成長》，因為這世界是男女兩性共有的，男人的問題很多和女人有關，女人的問題也一樣。我一向主張：「上一代的男人和女人製造下一代的男人和女人，問題的延伸或清除，都是男人和女人的事，不能孤立也不能絕對的劃清界限。」不成熟的男人或女人製造問題，成熟的則可以化解問題，若要兩性和諧相處，就需要有成熟的心理。

心理學者吳靜吉博士在《一個女人的成長》這本書的導讀中說：「一個女人的成長就像一個男人的成長一樣，都需要培養幽默、自處、自信、就事論事、樂於求知、關懷社會等等的特質……」這幾句話正好也適用於這本書，符合了世界是男女兩性共有，成長的特質當然也是兩性相同的。

這本增修版要感謝王榮文老友，增訂新篇章的年輕編輯，當年邀我寫稿的吳涵碧，以及我的讀者朋友們。